Internationales Personalcontrolling und internationale Personalinformationssysteme

Schriften zum Internationalen Management

herausgegeben von
Prof. Dr. Thomas R. Hummel, Fachhochschule Fulda

Band 2

Wilhelm Schmeisser, Jan Grothe
Thomas R. Hummel (Hrsg.)

Internationales Personalcontrolling und internationale Personalinformationssysteme

Rainer Hampp Verlag   München und Mering 2003

Bibliografische Information Der Deutschen Bibliothek

Die Deutsche Bibliothek verzeichnet diese Publikation in der Deutschen Nationalbibliografie; detaillierte bibliografische Daten sind im Internet über http://dnb.ddb.de abrufbar.

ISBN: 3-87988-761-6
Schriften zum Internationalen Management: ISSN 1612-2690
1. Auflage, 2003

© 2003   Rainer Hampp Verlag   München und Mering
          Meringerzeller Str. 10   D – 86415 Mering

          www.Hampp-Verlag.de

Liebe Leserinnen und Leser!
Wir wollen Ihnen ein gutes Buch liefern. Wenn Sie aus irgendwelchen Gründen nicht zufrieden sind, wenden Sie sich bitte an uns.

Vorwort des Herausgebers

In der Reihe SCHRIFTEN ZUM INTERNATIONALEN Management erscheinen Arbeiten, die im Wesentlichen aus Forschungsprojekten im nationalen und internationalen Kontext entstanden sind. Dies gilt sowohl für Qualifizierungsarbeiten aus dem Hochschulbereich als auch für internationale Kooperationsprojekte. Eine international vergleichende Sichtweise ist dabei die handlungsleitende Charakteristik für diese Schriftenreihe. Die einzelnen Bände der Reihe lösen sich dabei bewusst von einer klassisch-funktionalen Sichtweise des Management und bieten damit auch eine Plattform für „Grenzthemen" an. Die Schriftenreihe wendet sich damit an Wissenschaftler und Studierende des Internationalen Managements sowie den interessierten Praktiker in Wirtschaft und Verwaltung.

Der vorliegende Sammelband von *Wilhelm Schmeisser, Jan Grothe und Thomas R. Hummel* thematisiert die an global agierende Unternehmen gestellten Herausforderungen eines international fokussierten Personalmanagements. Die Autoren behandeln dabei ein breites Spektrum relevanter Themenfelder, denen in der Herausarbeitung ihrer Beziehungszusammenhänge besondere Bedeutung zukommt. Im ersten Kapitel werden daher personalwirtschaftliche Geschäftsprozesse im Rahmen eines Internationalen Personalmanagements quantifiziert.
Das zweite Kapitel widmet sich den Entwicklungstendenzen beim Aufbau internationaler Personalinformationssysteme.
Insbesondere vor dem Hintergrund einer zunehmend geozentrischen Orientierung weltweit agierender Unternehmen gewinnen der Aufbau internationaler Personalinformationssysteme und damit der zunehmende Standardisierungsgrad von Geschäftsprozessen an Stellenwert.
Im dritten Kapitel werden die Entwicklung und der Aufbau eines internationalen Personalcontrollings und der Einsatz von Personalinformationssystemen behandelt.
Eingebettet sind diese Aktivitäten in organisatorische und rechtliche Rahmenbedingungen, welche die Voraussetzungen darstellen für die Entwicklung internationaler, personalwirtschaftlicher Geschäfts-Controllingprozesse mit Hilfe von Personalinformationssystemen (Kapitel vier).

Das dargestellte Themenspektrum zeigt nachhaltig, welchen komplexen Herausforderungen international agierende Unternehmen ausgesetzt sind. Durch die meist fallweisen konkreten Darstellungen ist von den einzelnen Beiträgen und dem gesamten Band ein hoher Anwendungsbezug zu erwarten. In diesem Sinne ist dem Werk ein breites Interesse in Wissenschaft und Praxis zu wünschen.

Fulda/Hamburg im August 2003   Der Herausgeber

Das Buch ist Herrn Prof. Dr. Dr. habil. Erich Staudt, meinem verehrten akademischen Lehrer und Doktorvater, anlässlich des ersten Todestages gewidmet.

Prof. Dr. W. Schmeisser

Inhaltsverzeichnis

Autorenverzeichnis

Belser, Sandra ist Senior Beraterin bei Cap Gemini Ernst & Young mit Beratungsschwerpunkt in den kaufmännischen Unternehmensbereichen. Sie hat in diesem Zusammenhang mehrere Projekte zur Definition und Einführung von Risikomanagementsystemen und Internen Kontrollsystemen begleitet.

Berchtold, Oliver, Dr., ist bei der Ernst & Young AG zuständig für das Personalcontrolling und das Personaldatenmanagement. In dieser Funktion hat er verschiedene Bereichs- und Unternehmensprojekte verantwortlich begleitet. Daneben war Dr. Berchtold maßgeblich an der Veröffentlichung der DGFP zum Thema Personalcontrolling beteiligt und tritt in diesem Rahmen auch als Referent auf.

Bülthoff, Imke, Dipl.-Kfm., seit 2003 Personalreferentin für den Bereich Corporate Human Resources Schwarzkopf und Henkel. Bis 2000 Studium der BWL, bis 2002 Personalreferentin HR Information bei der Henkel KGaA. Aufgabengebiete u.a. Konzeption des Globalen SAP HR Systems, dessen internationale Implementierung und Aufbau von Intranet-Applikationen für den Bereich Personal.

Feineisen, Matthias, Dipl. Hdl., seit 1998 Senior Produktberater Human Capital Management PeopleSoft GmbH, München. Nach Abschluss des Studiums der Wirtschaftspädagogik an der Universität Mannheim Projektverantwortung bei der Einführung von Personalmanagementsystemen sowie bei der Auswahl von Standardsoftware in den verschiedensten Branchen und Unternehmensstrukturen. Schwerpunkt: multi-nationale Evaluierungsverfahren.

Grothe, Jan, Dipl.-Kfm., leitet seit 2002 bei der Deutschen Bahn AG den Bereich eProcurement. Zuvor bis 1997 Studium der BWL an der FHTW Berlin und DeMontfort University Leicester, UK (Prädikatsexamen). 1997-2000 Unternehmensberatung und Leiter Einkauf in einem KMU. Seit 2001 Projektleiter im Einkauf der Deutschen Bahn AG.

Hartmann, Matthias H., Dr., ist seit 2000 Professor für Produktion, Logistik und Informationsmanagement an der FHTW Berlin – Fachbereich Wirtschaftswissenschaften. Davor war er Unternehmensberater bei der Top Management Beratung A.T. Kearney und promovierte an der Universität Erlangen-Nürnberg zum Thema Bewertung von High-Tech-Unternehmen.

Hummel, Thomas, Prof. Dr. rer. pol., Dipl.-Kfm., Dipl.-Wirtschaftsingenieur (FH), Professor am Fachbereich Wirtschaft der Fachhochschule Fulda im Fachgebiet Allgemeine BWL mit Arbeitsschwerpunkt: Internationales Management.

Keuschen, Sabine ist seit April 2001 Director Human Resources bei der Cisco Systems GmbH. Die Diplom Betriebswirtin war seit 1985 bei der European Aeronautic

Defense Satellite (EADS) in verschiedenen Geschäfts- und Personalbereichen tätig. Zuletzt war sie Direktorin Human Resources für die Business Division Satelliten in einem europäischen Merger.

Klußmann, Niels ist seit August 2000 als Executive Advisor in der Internet Business Solutions Group (IBSG) von Cisco Systems tätig. Schwerpunkte: Beratung von Großkunden in den Bereichen E-Business und strategischer Positionierung. Vor Cisco Systems war er bei der PricewaterhouseCoopers Unternehmensberatung tätig. Schwerpunkte dort: strategische Planung eines Technologieportfolios, Business-Plannings und Organisations- sowie Prozessdesigns.

Kobi, Jean-Marcel, Dr., war sieben Jahre in leitender Funktion im HR-Management und als Unternehmensberater eines bekannten Beratungsunternehmens für strategische und kulturelle Fragen tätig, bevor er 1988 sein eigenes Managementberatungsunternehmen gründete. Er berät führende Unternehmen aller Branchen im Human Resources-Bereich sowie in Change Management-Fragen. Treiber neuer Themen wie z.b. Unternehmenskultur, Change Management und kürzlich das Personalrisikomanagement.

Kokott, Dietmar, Leiter der Zentralabteilung Obere Führungskräfte und Führungskräfteentwicklung der BASF-Gruppe, Gruppenweite Zuständigkeit für: Personalpolitik für das Obere Management, Führungsstrategien und -instrumente, Unternehmenskultur und Führungskräfteentwicklung sowie Leiter der Kommission P, die dem Vorstand die Besetzung der oberen Führungspositionen vorschlägt und die Organisation/Führungsebenen bewertet.

Littmann, Wolfgang, Dr., leitet seit April 2001 als Director die Einheit Human Resources Services bei der BASF IT Services GmbH. 1977 Eintritt bei der BASF Aktiengesellschaft. Dort seit 1981 im Personalwesen, seit 1985 Leitung der Einheit Personalwesen Außertarifliche/Leitende Angestellte als Prokurist. 1989 Übernahme der Einheit Personalwirtschaft und ab 1994 auch für die Abwicklung der Lohn- und Gehaltsabrechnung verantwortlich.

Mülder, Wilhelm, Prof. Dr., lehrt an der Fachhochschule Niederrhein, Mönchengladbach, das Fachgebiet Wirtschaftsinformatik. Davor war er mehrere Jahre bei Software-Anbietern mit der Entwicklung und Einführung von computergestützten PZE-/ BDE-Systemen beschäftigt.

Schmeisser, Wilhelm, Prof. Dr., an der FHTW Berlin für Betriebswirtschaftslehre – Finanzierung, Investition und Unternehmensführung; Leiter der Forschungsgruppe Innovationsmanagement, Personalwirtschaft und Organisation (IPO) an der Gerhard-Mercator-Universität Gesamthochschule Duisburg. Forschungsschwerpunkte: Personalmanagement und Organisation, Innovationsmanagement, Technologiemanagement und Strategisches Management, Investition und Finanzierung.

I. Internationales Personalcontrolling – Eine Herausforderung

Internationales Personalcontrolling und internationale Personalinformationssysteme – Eine Herausforderung an das Management

Wilhelm Schmeisser/Jan Grothe/Thomas Hummel

Internationalisierungsentscheidungen werden vermehrt mit Personalkostenüberlegungen begründet. Gleichzeitig streben seit einigen Jahren international tätige Unternehmen die Dezentralisierung der geschäftlichen Verantwortung durch die Bildung regional oder weltweit operierender Geschäftsbereiche an, die wiederum viele nationale, rechtliche und/oder wirtschaftliche Tochtergesellschaften besitzen, die als Profitcenter geführt werden.

Da bisher ein systematisches, internationales Personalcontrolling nur rudimentär oder bisher nicht betrieben worden ist, können Internationalisierungsentscheidungen, die auf Personal (-kosten-)überlegungen basieren, nicht immer explizit belegt werden.

Fragt man, welche Umfeldbedingungen sich bei den Unternehmen in den letzten fünf bis zehn Jahren so gravierend gewandelt und zur verstärkten Auseinandersetzung mit der Thematik geführt haben, so sind u.a. folgende Punkte zu benennen:

(1) das KonTraG, Transparenz- und Publizitätsgesetz, viertes Finanzmarktförderungsgesetz und zumindest Basel II im Rahmen eines Wertmanagements bzw. des Shareholder Value-Ansatzes, der zumindest Kapitalgesellschaften, die an nationalen und internationalen Börsen gelistet sind, nahe legt, verstärkt das Controlling in allen relevanten Gebieten entsprechend der rechtlichen und kreditwirtschaftlichen Anforderungen auszuweiten. Dazu wird auch das (internationale) Personalcontrolling gehören, um hier Personalrisiken vorherzusehen.

Hinzu kommt, dass auch von den Geschäftsbereichen und Profitcentern im Konzern eine größere Transparenz und Wirtschaftlichkeit für Personal-Leistungen gefordert wird.

(2) Seit ca. 10 Jahren lässt sich ein Paradigmenwandel im organisatorischen Bereich konstatieren. Das komplette Unternehmen ist konsequent nach Prozessen zu organisieren, anstatt wie klassisch zuerst mit der Aufbauorganisation zu beginnen. Das große Schlagwort ist hier Business-Process-Reengineering.

(3) Ein Kernbegriff der Prozessorganisation ist die Wertschöpfung aus dem PORTER-Ansatz. Die Forderung, die nun aus dem Strategiebereich kommt, lautet, dass

sich wertschöpfende Prozessketten wie Kompassnadeln auf den Kundenbedarf, im Personalbreich auf die Mitarbeiter und Führungskräfte auszurichten haben.

(4) Ein Blick z.b. in die SAP-HR Prospekte vermittelt sehr schnell den Eindruck, dass mit der Einführung von R/3 oder ähnlicher Software zwangsläufig ein prozessorientiertes Reengineering im Personalbereich mit einer kompletten Neustrukturierung des Unternehmens einhergeht.

(5) Die Möglichkeiten des Intranets und des Internets mit Ihren Portalen verstärken diesen Trend.

(6) Die global agierenden Unternehmen werden immer stärker international ausgerichtet und dadurch gezwungen, eine einheitliche internationale Personalstrategie zu verfolgen. Henkel ist in 74 Ländern vertreten und ca. 75 % der Mitarbeiter sind im Ausland beschäftigt. Um z.B. eine einheitlichere internationale Personal- und Managemententwicklung betreiben zu können, muss man das internationale Potenzial an Skills der Mitarbeiter im weltweit agierenden Unternehmen kennen. Um eine weltweite Entgeltpolitik für die obersten Führungskräfte im Konzern betreiben zu können, muss man internationale Vergleiche heranziehen, um Schattengehälter zu entwickeln. Wenn man beispielsweise die (freiwilligen) Personalzusatzkosten international im Unternehmen vereinheitlichen möchte, braucht man ein internationales Benchmarking im Konzern usw.

(7) Kernaufgabe von IT-Systemen ist auch im Personalbereich, die Geschäftsprozesse zu unterstützen. Mit Hilfe einer Standardisierung von (Personal-) Abläufen soll die Komplexität auch im weltweiten Bereich der Unternehmung verringert und damit der (Personal-)Prozessablauf beschleunigt, rationalisiert, automatisiert und dadurch die Kosten in diesem Bereich radikal gesenkt werden.

Das vorliegende Buch will erste Erfahrungen, aber auch Visionen von Unternehmen, Beratern und der Wissenschaft vorstellen, um hier für den deutschsprachigen Raum eine Forschungslücke schließen zu helfen.

Die Herausgeber

Wertemanagement als Führungsinstrument der BASF-Gruppe

Dietmar Kokott

Die Grundwerte der BASF-Gruppe lauten:

- Nachhaltiger Erfolg,
- Innovation im Dienste unserer Kunden,
- Sicherheit, Gesundheit, Umweltschutz,
- Interkulturelle Kompetenz,
- Gegenseitiger Respekt und offener Dialog sowie
- Integrität.

Sie sind die Basis unseres Wertemanagementsystems und als solche unsere Selbstverpflichtung zu verantwortungsbewusstem Handeln.

Wertemanagement ist geldwertig und kein „ethisches Gesäusel", wie der CEO eines Schweizer Weltunternehmens es einmal formuliert hat. Wenn wir als global operierendes Unternehmen über Wertemanagement als Führungsinstrument reden, dann reden wir über eine Strategie der nachhaltigen Unternehmenssicherung und über vorbildhaftes Verhalten der Führungsmannschaft. Dabei geht es um das umfassende Verständnis von Unternehmenssteuerung und um langfristig erfolgreiche Unternehmensentwicklung.

Für unsere Führungskultur bedeutet dies: Erfolgreiche Zusammenarbeit bedarf einer gemeinsamen Basis und eines Handlungsrahmens, der Führungskräften wie Mitarbeitern als Entscheidungshilfe dient, Verhaltenssicherheit gewährleistet und Synergien fördert. Denn, das Gestalten des Erfolgs von Morgen ist vor allem das Ergebnis aus vielen einzelnen Handlungen. Die dabei zu treffenden Entscheidungen sind auf viele Personen verteilt, die zudem noch zeitlich versetzt und in verschiedenen Ländern daran arbeiten. Derartige Rahmenbedingungen müssen eigenverantwortliches Nebeneinander zulassen, ohne gleichzeitig die gemeinsam akzeptierte Plattform zu verlassen, auf der sich die Mitarbeiter im Interesse des Gesamtunternehmens bewegen.

Mit unserer „Vision 2010" und unseren „Grundwerten und Leitlinien der BASF-Gruppe" haben wir bei BASF einen Handlungsrahmen geschaffen, der Handlungsfähigkeit auch unter Zeitdruck gewährleistet. In diesem Beitrag wird die Art und

Weise aufgezeigt, wie wir die Grundwerte und Leitlinien eingeführt haben, wie diese in die Führungsinstrumente integriert wurden und wo wir heute stehen.

Die BASF-Gruppe als global operierendes Unternehmen

BASF ist derzeit das weltweit führende Chemieunternehmen. In der Präambel unserer Grundwerte und Leitlinien heißt es: „Wir wollen mit unseren Produkten und Dienstleistungen den Menschen Nutzen bringen und Werte schaffen, die allen zugute kommen: Unseren Kunden, unseren Aktionären, uns als BASF mit unseren Mitarbeiterinnen und Mitarbeitern sowie den Ländern, in denen wir tätig sind."

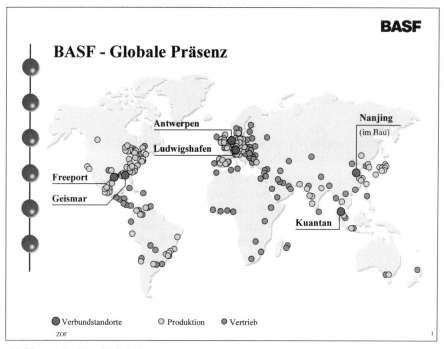

Abbildung 1: BASF – Globale Präsenz

Wir vermarkten unsere Produkte in nahezu allen Ländern und produzieren in mehr als 40 Ländern der Erde. Unsere Produktpalette mit rund 8000 Hauptprodukten reicht vom Erdgas bis zu hochspezialisierten UV-Filtern für Sonnenschutzprodukte; von Nahrungsergänzungsmitteln bis zu Autolacken; von Papierchemikalien bis zur Wärmedämmung. Zwei Drittel aller sogenannten „unsterblichen" Produkte der Chemie befinden sich in unserem Portfolio; auf dieser weltweit einmaligen Basis stoßen wir permanent in neue Innovationsfelder vor.

Unsere rund 90.000 Mitarbeiterinnen und Mitarbeiter stammen aus allen Kulturen dieser Welt. Allein im Kreis unserer rund 700 Oberen Führungskräfte sind 30, im Führungskräftenachwuchspool sogar 75 verschiedene Nationalitäten vertreten.

Diese wenigen Fakten belegen bereits, dass es kaum noch Unternehmensentscheidungen gibt, die nur Mitarbeiter einer Nationalität, nur ein Land oder einen Kultur-/ Rechtskreis betreffen. Gerade die zunehmende Transnationalität war für uns Anlass, unternehmensweit ein global akzeptiertes Instrument einzuführen, das eine verbindliche Basis unseres Handelns sicherstellt und gleichzeitig gewährleistet, in jedem kulturellen Umfeld schnell zu Entscheidungen zu kommen, die von allen Beteiligten gleichermaßen akzeptiert werden können.

Gründe für die Einführung eines Wertemanagementsystems

Die zunehmende Transnationalität und Dezentralisierung unserer Arbeit erfordert gruppenweit Möglichkeiten zur Identifizierung der Mitarbeiter mit dem Unternehmen und seiner Repräsentanten. Ebenso müssen Kunden, Geschäftspartner und Aktionäre weltweit das Unternehmen authentisch wahrnehmen und klar identifizieren können.

Die identitätsstiftende Wirkung der Grundwerte und Leitlinien, die gleichsam wie eine Visitenkarte Auskunft über unsere Kultur geben, gibt BASF gegenüber Kunden und Geschäftspartnern ein Gesicht, erleichtert die transnationale Zusammenarbeit erheblich und trägt zur Bindung insbesondere unserer Mitarbeiter mit hohem Potenzial bei.

Die gesellschaftspolitische Relevanz der Grundwerte und Leitlinien liegt auf der Hand. Insbesondere von global operierenden Unternehmen wird erwartet, dass sie in besonderer Weise Verantwortung übernehmen. Die Bindung an Werte wird deshalb in der Öffentlichkeit sensibel registriert. Good Corporate Citizenship in den unterschiedlichen Ländern und Kulturen der Welt zu praktizieren, wird zu einer Art von „licence to operate", die den Geschäftserfolg unmittelbar tangiert.

Unsere wertegestützte Unternehmenskultur lässt multikulturelle Vielfalt mit den unterschiedlichsten Gebräuchen und Führungsstilen zu. Sie versetzt uns darüber hinaus zugleich in die Lage, dieses Miteinander zu bündeln und die sich daraus ergebenden Stärken zu nutzen. Insofern ist unser Wertemanagementsystem ein Steuerungsinstrument, das mit Respekt vor anderen Kulturen als einer für uns unverzichtbaren Grundhaltung eine in der ganzen BASF-Gruppe akzeptierte Handlungsbasis sicherstellt.

„Wir führen die BASF erfolgreich und unabhängig, mit einer eigenen und unverwechselbaren Identität in die Zukunft." Auf der Grundlage dieser Unternehmensphilosophie erscheint es uns nicht sinnvoll, Erfolg und Wertemanagement gegeneinander auszuspielen. Denn, nur ein erfolgreiches Unternehmen kann die Erwartungen seiner Anspruchsgruppen erfüllen. Nur ein prosperierendes Unternehmen ist ein guter Lieferant, Kunde, Arbeitgeber und Steuerzahler und weist eine hohe Börsenbewertung aus, die zur Stabilisierung unternehmerischer Unabhängigkeit beiträgt. Somit ist das Wertemanagement ein wichtiger Baustein für den Erfolg des Unternehmens.

Deshalb sehen wir in einem erfolgreichen Wertemanagement Vorteile für unser Unternehmen, die uns veranlasst haben, die Grundwerte und Leitlinien als einen festen Bestandteil unserer Philosophie zu verankern und in die daraus abgeleiteten Führungsinstrumente und Strategien zu integrieren.

Wertemanagement als Bestandteil der Führungskultur der BASF

Die BASF-Führung basiert auf wenigen Elementen:

- Strategische Führung des Unternehmens zur langfristigen Ausrichtung der BASF-Gruppe,
- Operative Führung der Geschäfte,
- Gruppenweit verbindlicher Handlungsrahmen und Zielvereinbarungen für alle Unternehmenseinheiten (Ressourcenallokation, EBIT, etc.) und
- Gruppenweit hohe Entscheidungsautonomie der Führungskräfte.

Dabei praktizieren wir Führung generell nach dem Grundsatz: „So wenig globale Steuerung wie nötig, soviel Flexibilität wie möglich". So werden gruppenweit zwar verbindliche Rahmen vorgegeben, in weitaus größerem Maße jedoch wird eine hohe Autonomie in den Regionen und Gruppengesellschaften gewährt. Hierbei wirken unsere Grundwerte und Leitlinien prägend bezüglich des Führungsverhaltens und sind übergreifender Bestandteil unserer gruppenweiten Führungsinstrumente im Rahmen der strategischen und operativen Führung.

Als global akzeptierte Handlungsbasis beschreiben die Grundwerte und Leitlinien (vgl. Abbildung 2) die Art und Weise, wie wir unsere Ziele erreichen wollen und bestimmen maßgeblich die Unternehmenskultur. Der vollständige Text der Grundwerte und Leitlinien ist im Anhang dieses Beitrags beigefügt.

Wenn auch unsere Wertecharta keine Prioritätenaufzählung ist, so steht der Wert „Nachhaltiger Erfolg" nicht zufällig an erster Stelle. Denn, ein Wertemanagement, das die wirtschaftlichen Handlungsbedingungen nicht berücksichtigt oder ihnen gar widerspricht, kann von Unternehmen schlechterdings nicht umgesetzt werden.

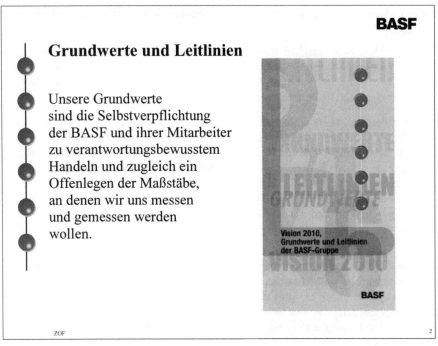

Abbildung 2: Grundwerte und Leitlinien der BASF

Mittlerweile sind die Grundwerte und Leitlinien in 13 für uns wichtige Sprachen übersetzt, so dass sie unseren Mitarbeiterinnen und Mitarbeitern weltweit auch in ihrer Muttersprache unmittelbar zur Verfügung stehen.

Entwicklung und Implementierung der Grundwerte und Leitlinien

Um unser Ziel – weltweite Akzeptanz der Grundwerte und Leitlinien in der BASF-Gruppe – zu erreichen, haben wir ein Projektteam mit Repräsentanten aus allen Regionen der BASF-Welt gebildet. In diesem Team haben sich Mitarbeiter aus Brasilien, China, Deutschland, Frankreich, Indonesien, Korea und USA zusammengefunden. Darüber hinaus haben wir externe Berater hinzugezogen. Das Team hat Vorhandenes analysiert und Neues hinzugefügt, ehe wir mit dem Entwurf in eine Diskussion mit den Oberen Führungskräften der BASF-Gruppe – also mit den weltweiten Entscheidern – sowie den Mitarbeitervertretern der BASF AG eintraten. Damit haben wir erreicht, dass die Grundwerte und Leitlinien kein künstliches, am grünen Tisch entwickeltes Dokument geworden sind, sondern eine Unternehmenskultur widerspiegeln, die im Unternehmen verankert lebbar ist und das Miteinander fördert.

Eine besondere Schwierigkeit bestand in der Definition einiger Begriffe, mit deren Hilfe wir unsere Wertehaltungen beschreiben wollten. Sie führte uns beim Übertragen in andere Sprachen an Grenzen, denn eine von allen gleich interpretierte neutrale Definition der Begriffe konnten wir nicht finden.

So haben beispielsweise „Integrität" und die englische Übersetzung „Integrity" nicht mehr die gleiche Konnotation, ganz zu schweigen davon, dass der Begriff in einigen Ländern dieser Erde überhaupt nicht vorkommt, obwohl alle Beteiligten der Diskussion „irgendwie" etwas damit anfangen konnten. So verstanden die amerikanischen Kollegen unter „Integrity" das Einhalten der vorgeschriebenen Gesetze, während der Gebrauch von Integrität im deutschen Sprachraum viel umfassender ist. Die Übereinstimmung von Wort und Tat als Beschreibung für Integrität konnten dann aber alle Diskutanten nachvollziehen – das war unser Schlüssel zum gemeinsamen Verständnis.

Wir haben für die Definition unserer Werte also Erwartungen an das Verhalten unserer Führungskräfte und Mitarbeiter herangezogen. Jeder unserer Grundwerte ist so mit einer operationalen Definition versehen worden. Die Leitlinien stellen eine weitere Konkretisierung dar. Damit haben wir die Handlungsbasis geschaffen, die in der gesamten BASF-Gruppe gilt und gleichzeitig offen ist für unterschiedliche kulturelle Ausprägungen.

Denn es geht uns nicht um das Durchsetzen einer einzigen BASF-Unternehmenskultur. Angesichts unserer globalen Unternehmensstruktur, unserer Präsenz in den Weltmärkten, von Mitarbeitern aus allen Kulturen der Welt ist es nicht möglich, von nur einer Unternehmenskultur zu sprechen. Eine solche künstliche Kultur, die unweigerlich unflexibel und starr und wenig sensibel für kulturelle Unterschiede wäre, wird sich nirgends durchsetzen können.

Wertemanagement, das sich in letzter Konsequenz immer auf das Handeln von Personen bezieht, muss immer auch unterschiedliche kulturelle Vorrausetzungen mitreflektieren. Dies gilt auch für die Reflexion über das kollektive Handeln weltweit tätiger Unternehmen. Es ist deshalb entscheidend, dass es uns gelingt, die Grundwerte als Eckpfeiler unseres persönlichen Handelns in dem jeweiligen lokalen Kontext umzusetzen und mit Leben zu wecken. Unsere Führungskräfte sind gerade hierbei besonders gefordert, denn die Verantwortung für diese Aufgabe ist nicht delegierbar.

Dies wird ganz besonders am Grundwert Integrität und den daraus abgeleiteten Leitlinien deutlich. Hier ist klar formuliert, welche Erwartungen wir insbesondere an das Verhalten unserer Führungskräfte stellen. So heißt es in Leitlinie 1: „Jede Führungskraft muss ihrer Vorbildfunktion gerecht werden und sich an unserer Vision und unseren Grundwerten orientieren." Oder um Berthold Leibinger, unseren Ehrenvorsitzenden des Aufsichtsrats, zu zitieren:

„Das Vorbild ist das entscheidenste aller Führungsmerkmale. Wertevermittlung muss immer oben beginnen. Deshalb ist das ethische Koordinatensystem eines Managers so entscheidend."

Diese Grundhaltung gilt weltweit und ist praktisch unabhängig von den Kulturen. Es gibt in global operierenden Unternehmen keine asiatische, amerikanische oder europäische Führung, die für sich den alleinigen Erfolg oder gar „Einmaligkeit" beanspruchen kann. Es gibt eigentlich nur gute oder schlechte Führung. Und vorbildhaftes Verhalten ist ein entscheidendes Kriterium für eine gute Führung.

Nun machen sich solche Aussagen in Reden und Publikationen natürlich gut. Aber es gibt immer wieder Situationen, in denen das genaue Gegenteil solcher Absichtserklärungen an den Tag kommt. BASF selbst war 1999 in einen Fall von Preisabsprachen bei Vitaminen involviert. Wir haben dafür nicht nur erhebliche Geldstrafen gezahlt, sondern mussten auch den Verlust von Vertrauen und Reputation hinnehmen.

Wenn wir also von Wertemanagement reden, muss uns bewusst sein, dass es nicht darum geht, weiße Westen zu demonstrieren. Es geht darum, unserer Verantwortung als Unternehmen gerecht zu werden. Wer dabei die Erwartung hegt, es müsse nur ein Hebel umgelegt werden, der wird enttäuscht. Es geht vielmehr um das Initiieren von Prozessen, die geeignet sind, Missbrauch zu bekämpfen. Es geht darum, in der Organisation Strukturen zu schaffen, mit denen wir unserer Verantwortung nachkommen können. Deshalb gilt: Die Grundwerte und Leitlinien der BASF-Gruppe

- sind verbindlich für alle Mitarbeiter,
- müssen unter Beachtung der jeweiligen kulturellen Besonderheiten regional umgesetzt werden und
- sind fester Bestandteil der Führungsinstrumente.

Führungsinstrumente mit gruppenweiter Relevanz

Vision, Grundwerte und Leitlinien stellen die Basis für die Art und Weise dar, wie wir unsere Ziele erreichen wollen. Alle Führungskräfte der BASF-Gruppe sind daher per Zielvereinbarung verpflichtet, in ihrem jeweiligen kulturellen Kontext zu präzisieren, wie die Grundwerte und Leitlinien konkret mit Leben gefüllt werden.

Der Zielvereinbarungsprozess ist eines der wichtigsten operativen Führungsinstrumente des Unternehmens und bietet die größten Freiräume für Individualität, da die Vereinbarung von Zielen im Vordergrund steht, die Art und Weise der Zielerreichung innerhalb der Grundwerte und Leitlinien aber dem Einzelnen überlassen bleibt. Damit können Führungskräfte und Mitarbeiter weltweit ihre jeweiligen Stär-

ken voll ausschöpfen, ohne das Ziel der Wertschöpfung für das Gesamtunternehmen
zu vernachlässigen.

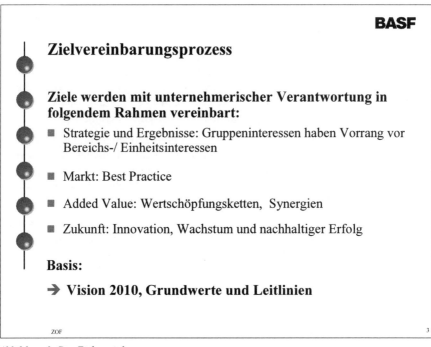

Abbildung 3: Der Zielvereinbarungsprozess

Unabhängig vom jeweiligen produkt-, regionen- oder fachbezogenen Arbeitsgebiet
sind Führungskräfte in allen Managementfunktionen mit hohen Herausforderungen
konfrontiert. Dazu gehören z.b. das kontinuierliche Erschließen von Marktpoten-
zialen, die reibungslose Koordination des Wissenstransfers, das permanente Sicher-
stellen der Technologie- bzw. Kostenführerschaft in einem sich stetig wandelnden
Umfeld und last but not least die Gewährleistung eines profitablen Wachstums.
Dabei gilt es, die Grundsätze der nachhaltigen, zukunftsfähigen Entwicklung zu
berücksichtigen. Wir bekennen uns als Unternehmen zu Sustainable Development
und erwarten, dass ökonomische, ökologische und soziale Belange bei unternehmerischen Entscheidungen Berücksichtigung finden. Um dies zu unterstützen, haben
wir verschiedene Strukturen geschaffen und Programme eingeführt, wie beispielsweise den Nachhaltigkeitsrat der BASF-Gruppe, den Chief Compliance Officer der

BASF-Gruppe, das Programm Responsible Care und die Berichterstattung zur sozialen Verantwortung der BASF, die von Wirtschaftsprüfern auditiert wird.

Damit eine Führungskraft den komplexen Herausforderungen, mit denen sie im Unternehmen konfrontiert ist, gerecht werden kann, muss sie nicht nur entscheidungsunterstützende Techniken und Instrumente beherrschen, die als „Intelligenzverstärker" wirken, sondern sich auch durch erfolgsrelevante Führungsfaktoren sowie Verhaltensweisen auszeichnen, die autonomes unternehmerisches Handeln erst möglich machen. Die Erwartungen an die Führungskräfte sind also sehr umfassend.

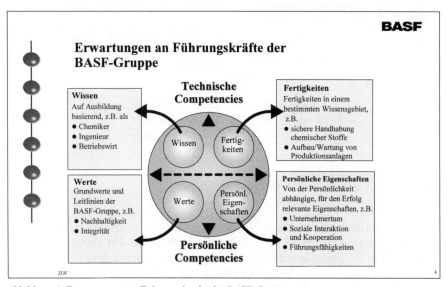

Abbildung 4: Erwartungen an Führungskräfte der BASF-Gruppe

BASF fördert daher gezielt die Entwicklung geeigneter Kandidatinnen und Kandidaten aus den eigenen Reihen. Wir erwarten gleichzeitig aber auch eine ausgeprägte Eigeninitiative der Kandidaten, um die Weiterentwicklung bestimmter Eigenschaften voranzubringen. Arbeit an der eigenen Person, also „Persönlichkeitsbildung", ist unumgänglich. Dazu gehört auch, dass der Mitarbeiter oder die Mitarbeiterin sich in die Kultur des Unternehmens einlebt und die firmenseitig formulierten Werte und Haltungen bejaht und sich zu eigen macht.

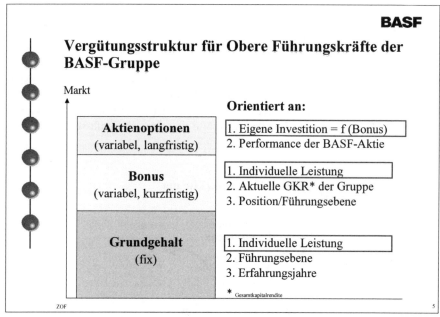

Abbildung 5: Vergütungsstruktur für OFK der BASF-Gruppe

Die ausgeprägt leistungsorientierte Vergütungspolitik der BASF stellt ebenfalls ein wichtiges Führungsinstrument dar. Sie knüpft zunächst an den Ertrag der BASF-Gruppe (GKR = Gesamtkapitalrendite) an, womit die Bedeutung des Gruppeninteresses betont wird. Darüber hinaus knüpft sie vor allem an die persönliche, an die individuelle Leistung an, die sich primär im Erreichungsgrad der vereinbarten Ziele manifestiert. Dadurch wird das unternehmerische Handeln entsprechend gelenkt, und die für das Ergebnis verantwortlich Handelnden werden wie Unternehmer, d.h. gemäß ihrem Erfolg honoriert. Dies gilt ebenso für die Teilnahme am Aktienoptionsprogramm wie auch – dies sei nur am Rande erwähnt – für die jährlichen Bausteine, mit denen die betriebliche Altersversorgung individuell verbessert werden kann.

Da der Zielvereinbarungsprozess die Evaluation der individuellen Leistung beinhaltet und somit Einfluss auf das Einkommen hat, wirkt sich die Einhaltung der Grundwerte unmittelbar auf den jährlichen Bonus und die Teilnahme am Aktienoptionsprogramm aus.

Unsere Erfahrungen mit unserem Wertemanagement lassen sich dahingehend zusammenfassen: Wir sehen im Wertemanagement entscheidende Vorteile, wie z.B.:

- Klares Verständnis über gemeinsame Werte,
- Erhöhte Identifikation der Mitarbeiter mit dem Unternehmen und seinen Zielen,
- Mittel zur Differenzierung im Wettbewerb,
- Innovation und proaktive Steuerung statt Protektionismus,
- Attraktivität für Mitarbeiter mit herausragenden Fähigkeiten,
- Management ist nicht erpressbar,
- Proaktives Handeln im Vorfeld möglicher Boykottmaßnahmen und drohender Geschäftseinbußen,
- Imageverbesserung durch positive Auswirkungen auf die Kundenbeziehungen und Akzeptanz im Umfeld sowie
- Positiver Beitrag zu wertsteigerndem Wachstum.

Dass wir mit dieser Einschätzung auf dem richtigen Weg sind, zeigen auch die Finanzmärkte:

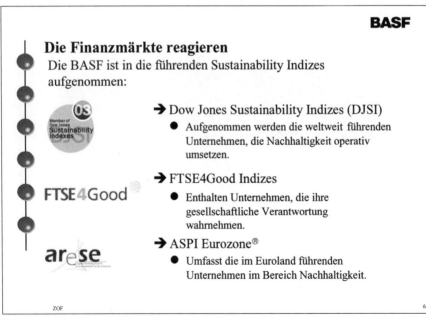

Abbildung 6: Die BASF in den führenden Sustainability-Indizes

Die BASF-Aktie ist in mehrere Aktienfonds aufgenommen worden, die an nachhaltigkeits- oder ethischen Gesichtspunkten orientiert sind. Wir werten dies als Anerkennung unserer Position. Die Akzeptanz eines Unternehmens, seine gesellschaftliche „licence to operate", hängt somit auch vom Umgang des Unternehmens mit ethischen Werten ab. Eine Vertrauensbasis in den komplexer werdenden öffentlichen Diskussionen über nachhaltige Lösungen zu schaffen und zu erhalten, darf deshalb nicht dem Zufall überlassen bleiben. Die Erfahrungen zeigen, dass erfolgreiche Unternehmen diese Fragen eigeninitiativ angehen und auch bei der Umsetzung ethischer Standards führend sind. Am Ende brauchen wir konsensfähige Entscheidungen, die dazu beitragen, den Erfolg des Unternehmens nachhaltig zu sichern. Werteschaffen und Wertevorleben gemeinsam als Führungsaufgabe zu verstehen, ist unser Erfolgsrezept.

Anhang

Präambel

Es ist unser Selbstverständnis als weltweit erfolgreiches Unternehmen der chemischen Industrie, den Menschen Nutzen zu bringen. Wir wollen Werte schaffen, die allen zugute kommen: unseren Kunden, unseren Aktionären, uns als BASF mit unseren Mitarbeiterinnen und Mitarbeitern sowie den Ländern, in denen wir tätig sind.

Die Vision 2010 der BASF stellt dar, wohin sich das Unternehmen in den kommenden Jahren entwickeln will. Sie legt die Ziele unseres Handelns offen. Alle strategischen Entscheidungen werden an ihr ausgerichtet.

Die Grundwerte der BASF beschreiben unsere Einstellung und die Art und Weise, wie wir unsere Ziele erreichen wollen.

Vision und Grundwerte bilden gemeinsam den Rahmen für alle Entscheidungen und Handlungen. Sie sind somit Orientierung und Führungsinstrument zugleich und prägen unsere Unternehmenskultur.

Die Leitlinien der BASF konkretisieren, wie wir im Unternehmensalltag handeln wollen.

Der Anspruch, den wir damit an unser Handeln stellen, ist hoch. Wir wollen und werden daran gemessen werden. Als transnationales Unternehmen müssen wir dabei vielfältigen und unterschiedlichen rechtlichen wie kulturellen Rahmenbedingungen gerecht werden. Unser Handeln ist kontinuierlich darauf ausgerichtet, unsere selbst gesetzten Standards zu erfüllen und das Ansehen unseres Unternehmens zu mehren.

Der Vorstand

Unser Selbstverständnis

BASF ist eines der weltweit führenden Unternehmen der chemischen Industrie, das erfolgreich wirtschaftet und mit seinen Produkten und Dienstleistungen den Menschen Nutzen bringt.

Vision 2010

- Wir sind weltweit als erfolgreiches, innovatives, transnationales Unternehmen der chemischen Industrie anerkannt.
- Mit unseren Produkten und Dienstleistungen gehören wir zu den leistungsfähigsten Anbietern im globalen Wettbewerb.
- Auf das eingesetzte Kapital erwirtschaften wir eine hohe Rendite.
- Die BASF ist der bevorzugte Partner der Kunden.
- Unser Markt ist die Welt.
- Kernkompetenzen kennzeichnen unser Portfolio.

- Wir nutzen den Wandel als Chance.
- Wir, die BASF-Mitarbeiter, schaffen gemeinsam den Erfolg.

Grundwerte

Wir, die Mitarbeiterinnen und Mitarbeiter der BASF-Gruppe, fühlen uns gemeinsam folgenden Grundwerten verpflichtet:

Nachhaltiger Erfolg
Nachhaltiger wirtschaftlicher Erfolg im Sinne von Sustainable Development ist Voraussetzung für all unsere Aktivitäten. Wir sind den Interessen unserer Kunden, Anteilseigner sowie unserer Mitarbeiter verpflichtet und übernehmen Verantwortung in der Gesellschaft.

Innovation im Dienste unserer Kunden
Wir fühlen uns der Zufriedenheit unserer Kunden verpflichtet. Wir entwickeln Produkte, Verfahren und Dienstleistungen auf hohem wissenschaftlichen und technischen Niveau und mobilisieren unsere Ressourcen zu Gunsten einer erfolgreichen Partnerschaft mit unseren Kunden.

Sicherheit, Gesundheit, Umweltschutz
Wir handeln verantwortungsvoll im Sinne von Responsible Care®. Wirtschaftliche Belange haben keinen Vorrang gegenüber Sicherheit, Gesundheits- und Umweltschutz.

Interkulturelle Kompetenz
Wir fördern kulturelle Vielfalt innerhalb der BASF-Gruppe und arbeiten als Team zusammen. Interkulturelle Kompetenz ist unser Vorteil im globalen Wettbewerb.

Gegenseitiger Respekt und offener Dialog
Wir gehen fair und respektvoll miteinander um. Wir suchen den offenen, vertrauensvollen Dialog im Unternehmen, mit unseren Geschäftspartnern und relevanten gesellschaftlichen Gruppen. Wir ermutigen unsere Mitarbeiter, ihre Kreativität und ihr Potenzial für den gemeinsamen Erfolg einzubringen.

Integrität
Wir handeln in Übereinstimmung mit unseren Worten und Werten. Wir achten die Gesetze und respektieren die allgemein anerkannten Gebräuche der Länder, in denen wir tätig sind.

Grundwert
Nachhaltiger Erfolg

Nachhaltiger wirtschaftlicher Erfolg im Sinne von Sustainable Development ist Voraussetzung für all unsere Aktivitäten. Wir sind den Interessen unserer Kunden, Anteilseigner sowie unserer Mitarbeiter verpflichtet und übernehmen Verantwortung in der Gesellschaft.

Leitlinien

- Wir streben eine starke Markt- und Finanzposition an, die es uns ermöglicht, das Unternehmen erfolgreich und unabhängig mit eigener, unverwechselbarer Identität zu erhalten.
- Im Durchschnitt der Konjunkturzyklen erwirtschaften wir für die BASF-Gruppe eine Gesamtkapitalrendite von mindestens zehn Prozent vor Ertragssteuern und Zinsen. Wir erwarten von un-

seren Arbeitsgebieten und Gesellschaften weltweit einen Beitrag entsprechend den vereinbarten Zielen.

- Der Verbund ist eine der Stärken der BASF. Wir können unsere Produkte damit kostengünstig, ressourcenschonend und umweltverträglich herstellen. Die Optimierung der Verbundstrukturen ist daher eine ständige Aufgabe.

- Wir vergüten unsere Mitarbeiter markt- und leistungsbezogen mit am wirtschaftlichen Erfolg orientierten Entgelten und Sozialleistungen.

- Wir leisten durch unsere wirtschaftlichen Aktivitäten sowie durch die gezielte Förderung von humanitären, sozialen und kulturellen Anliegen einen positiven Beitrag zur gesellschaftlichen Entwicklung.

Grundwert
Innovation im Dienste unserer Kunden

Wir fühlen uns der Zufriedenheit unserer Kunden verpflichtet. Wir entwickeln Produkte, Verfahren und Dienstleistungen auf hohem wissenschaftlichen und technischen Niveau und mobilisieren unsere Ressourcen zu Gunsten einer erfolgreichen Partnerschaft mit unseren Kunden.

Leitlinien
- Wir gestalten den wissenschaftlich-technischen Fortschritt aus führender Position mit, entwickeln zukunftsweisende Produkte und Technologien und nutzen Synergieeffekte aus unserem Forschungsverbund.

- Wir suchen die Herausforderungen in den Veränderungen der Märkte, der Wissenschaft und der Gesellschaft und nutzen sie als Chance zum wertsteigernden Wachstum.

- Wir optimieren durch gemeinsame Entwicklungsarbeit mit unseren Kunden unsere Produkte und Dienstleistungen so, dass unsere Kunden die an sie gestellten Anforderungen erfüllen können.

- Wir messen regelmäßig die Kundenzufriedenheit. Hinweise unserer Kunden und Partner nutzen wir konsequent zur Verbesserung unserer Geschäftsprozesse.

- Wir liefern keine Produkte zur Herstellung von Drogen oder Chemiewaffen und nehmen keine Eingriffe in die menschliche Keimbahn vor.

Grundwert
Sicherheit, Gesundheit, Umweltschutz

Wir handeln verantwortungsvoll im Sinne von Responsible Care®. Wirtschaftliche Belange haben keinen Vorrang gegenüber Sicherheit, Gesundheits- und Umweltschutz.

Leitlinien
- Wir fordern und fördern das Sicherheits-, Gesundheits- und Umweltbewusstsein aller Mitarbeiter und streben kontinuierliche Verbesserungen durch Zielvereinbarungen an.

- Wir erzeugen Produkte, die sicher herzustellen, zu verwenden, wiederzuverwerten oder zu entsorgen sind.

- Wir unterstützen unsere Kunden im Bemühen um eine sichere und umweltfreundliche Weiterverarbeitung der Produkte.
- Wir minimieren die Belastung von Mensch und Umwelt bei Herstellung, Lagerung, Transport, Vertrieb, Verwendung und Entsorgung unserer Produkte.

Grundwert
Interkulturelle Kompetenz

Wir fördern kulturelle Vielfalt innerhalb der BASF-Gruppe und arbeiten als Team zusammen. Interkulturelle Kompetenz ist unser Vorteil im globalen Wettbewerb.

Leitlinien

- Wir wollen persönlich und fachlich geeignete Mitarbeiter aus allen Kulturen und Nationalitäten gewinnen, die sich engagiert für die Ziele und Werte unseres Unternehmens einsetzen.
- Führungsnachwuchs gewinnen wir aus allen BASF-Gesellschaften und bilden ihn bevorzugt aus den eigenen Reihen heran.
- Wir diskriminieren niemanden wegen Nationalität, Geschlecht, Religion oder anderer persönlicher Merkmale.

Grundwert
Gegenseitiger Respekt und offener Dialog

Wir gehen fair und respektvoll miteinander um. Wir suchen den offenen, vertrauensvollen Dialog im Unternehmen, mit unseren Geschäftspartnern und relevanten gesellschaftlichen Gruppen. Wir ermutigen unsere Mitarbeiter, ihre Kreativität und ihr Potenzial für den gemeinsamen Erfolg einzubringen.

Leitlinien

- Unsere Kommunikation im Unternehmen, mit unseren Geschäftspartnern, Nachbarn und gesellschaftlich relevanten Meinungsbildnern ist durch einen offenen und sachlichen Dialog geprägt.
- Mitarbeiter werden rechtzeitig durch offene Information und Kommunikation, auch über Hierarchie- und Einheitsgrenzen hinweg, in Arbeits- und Entscheidungsprozesse eingebunden.
- Führungskräfte und ihre Mitarbeiter oder Teams vereinbaren Ziele und Prioritäten und legen die Verantwortlichkeiten und Befugnisse fest.
- Wir bieten Voraussetzungen, die Eigeninitiative und unternehmerisches Handeln stärken. Führungskräfte sprechen regelmäßig mit ihren Mitarbeitern über ihre berufliche Weiterentwicklung und fördern ihre Lernbereitschaft.
- Wir stehen zu betrieblicher Partnerschaft mit den Arbeitnehmervertretungen und arbeiten in gegenseitiger Achtung vertrauensvoll mit ihnen zusammen. Die Form der Kooperation beachtet die international anerkannten grundlegenden Arbeitsstandards und orientiert sich an den jeweiligen Landesgegebenheiten.

Grundwert
Integrität

Wir handeln in Übereinstimmung mit unseren Worten und Werten. Wir achten die Gesetze und respektieren die allgemein anerkannten Gebräuche der Länder, in denen wir tätig sind.

Leitlinien

- Jede Führungskraft muss ihrer Vorbildfunktion gerecht werden und sich an unserer Vision und unseren Grundwerten orientieren.

- Wir unterlassen Handlungen, die ungesetzlich sind und den fairen Wettbewerb behindern.

- Die Interessen der BASF haben bei unseren Tätigkeiten Vorrang vor persönlichen Interessen. Wir schützen Firmeneigentum gegen Missbrauch.

- Jede Gruppengesellschaft erstellt auf der Basis der für die BASF-Gruppe geltenden Grundwerte und Leitlinien ihren Verhaltenskodex unter Berücksichtigung der Gesetze und allgemein anerkannten Gebräuche. Sie sorgt dafür, dass alle Mitarbeiter entsprechend informiert sind und der Kodex zur Grundlage ihres Handelns wird.

- Jeder Mitarbeiter hat auf der Grundlage des jeweiligen Verhaltenskodex die Gelegenheit, sich in vertraulicher Weise Rat und Hilfe zu holen, wenn sich in seinem Arbeitsumfeld Hinweise auf rechtlich zweifelhafte Vorgänge ergeben.

II. Personalinformationssysteme als Voraussetzung eines Internationalen Personalcontrolling

Prozessoptimierung in der Personalwirtschaft durch neue IT-Systeme

Wilhelm Mülder

1 Einleitung

Mit Hilfe von Business Reengineering bzw. Geschäftsprozessoptimierung haben in den vergangenen Jahren zahlreiche Unternehmen den Versuch unternommen, wirtschaftlicher und kundenorientierter zu arbeiten. Im Bereich Personalwirtschaft wurde die Analyse und Optimierung der hier relevanten „Geschäftsprozesse" bislang von den meisten Unternehmen vernachlässigt.[1] Mit Einführung der neuen, webbasierten Informations- und Kommunikationstechniken (IT) besteht eine große Chance, die teilweise veralteten und kostenintensiven Personalprozesse grundlegend neu zu gestalten. In diesem Beitrag soll aufgezeigt werden, wie sich personalwirtschaftliche Prozesse mit Hilfe von neuen IT-Lösungen verbessern lassen.

2 Analyse personalwirtschaftlicher Prozesse

Ein Geschäftsprozess besteht aus mehreren Aktivitäten, die in einem zeitlichen und sachlogischen Zusammenhang stehen. Jeder Geschäftsprozess hat einen definierten Prozessbeginn und ein Prozessende. Der Prozess beginnt mit dem Eintreten eines Zustandes, z.b. Kündigung eines Mitarbeiters. Der Prozess endet mit dem Erreichen eines bestimmten Ergebnisses, z.b. Neubesetzung durch Abschluss eines Arbeitsvertrages. Geschäftsprozesse sind nicht an organisatorische Strukturen, z.B. Abteilungsgrenzen, gebunden. Sie laufen quer durch die Abteilungen und gehen teilweise auch über die Unternehmensgrenzen hinaus, z.B. wenn bei einer Personalbeschaffung externe Jobbörsen und Personalberater eingeschaltet werden.[2]

Bei der Geschäftsprozessanalyse werden Schwächen und Fehler entdeckt und dokumentiert. Beispiele für Schwachstellen sind Doppelarbeiten, lange Warte- und Liegezeiten, Medienbrüche (Ausdruck einer Datei auf Papier, Weiterleitung, erneute Datenerfassung am PC), Kommunikationsprobleme zwischen verschiedenen Stellen, falsche Dateneingaben, veraltete Auswertungen.

---

[1] Dementsprechend gering ist die Anzahl von Veröffentlichungen hierzu, vgl. LÜBKE/ RINGLING 2001, SCHMEISSER 2001, WALENDY 2002, BUSCH/BRENNER 2002.

[2] Vgl. ABTS/MÜLDER, 2002, S. 273 ff.

Im Anschluss an die Prozessanalyse wird die Prozessoptimierung vorgenommen. Ziel ist es, verbesserte oder gar optimale und vereinheitlichte Geschäftsprozesse für die Zukunft festzulegen. Die Standardisierung der Prozesse ist eine wichtige Voraussetzung für die Nutzung von IT-Systemen. Prozessoptimierung soll helfen, die bisherigen Kosten und Bearbeitungszeiten zu senken.

Ausgehend von der originären Aufgabe der Personalwirtschaft, die richtigen Mitarbeiter zum richtigen Zeitpunkt mit der richtigen Qualifikation im Unternehmen zur Verfügung zu stellen, erstreckt sich der Personalprozess generell von der Einstellung neuer Mitarbeiter bis zur Personalfreisetzung. Zur genaueren Analyse erscheint es allerdings sinnvoll, diesen globalen Prozess in mehrere personalwirtschaftliche Kernprozesse aufzuteilen[3]:

- Personalrekrutierung,
- Personalentwicklung,
- Reisemanagement,
- Personalplanung und -controlling,
- Lohn- und Gehaltsabrechnung,
- Veranstaltungsmanagement und
- Personalfreisetzung.

Jeder Kernprozess kann wiederum in mehrere Subprozesse unterteilt werden (vgl. Abbildung 1). In der Unternehmenspraxis wird oftmals eine weitaus detailliertere Untergliederung der Personalprozesse vorgenommen. Die Commerzbank AG ging von wenigen Kerngeschäftsprozessen aus und erarbeitete eine dreistufige Prozesshierarchie (Kernprozess, Hauptprozess, Subprozess), die zu über 100 Subprozessen im Personalressort führte.[4]

Die UBS AG, die aus der Fusion des Schweizerischen Bankvereins und der Schweizer Bankgesellschaft entstand, nutzte den Zusammenschluss für eine konsequente Prozessorientierung der gesamten Personalarbeit des neuen Unternehmens. Bei der Definition der insgesamt 50 neuen Prozesse wurden folgende Bedingungen formuliert[5]:

- Direkte Erfassung durch diejenige Person, die als erste über die Daten verfügt;
- Direkte Informationsversorgung aller Personen unter Berücksichtigung ihrer Zugriffsberechtigungen;

---

[3] Vgl. CURRAN/KELLER, 1999, S. 241 ff.
[4] Vgl. GERLACH/DUHL (1999), S. 18.
[5] Vgl. BRÜTSCH, 2000, S. 42 ff.

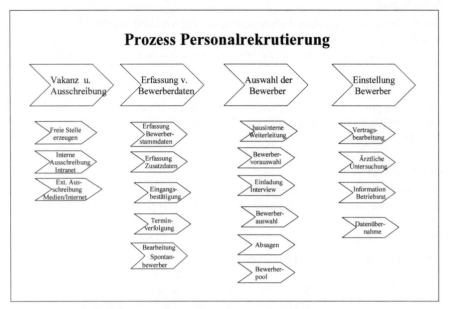

Abbildung 1: Aufteilung des Kernprozesses Rekrutierung in Subprozesse

- Alle erforderlichen Zwischenschritte, z.B. die Genehmigung des Vorgesetzten, werden mittels Workflow Management System[6] unterstützt;

- Formulare dürfen zum Transport von Informationen nicht mehr verwendet werden;

- Die Verteilung von Informationen erfolgt an definierte Rollen (Benutzergruppen), z.B. wird die Neueinstellung eines Mitarbeiters automatisch an die Stelle zur Eröffnung von Mitarbeiter-Konten weitergeleitet;

- Sämtliche Prozessschritte sind transparent und mit einem Hilfetext hinterlegt, damit auch ungeübte Benutzer mit dem System zurechtkommen.

Bei der Analyse und Optimierung personalwirtschaftlicher Prozesse stehen folgende Ziele im Mittelpunkt:[7]

---

[6] Ein Workflow Management-System ist eine Software, die eine automatisch gesteuerte Bearbeitung von Vorgängen (Prozessen) im Büro- und Verwaltungsbereich ermöglicht. Durch Vernetzung der Arbeitsschritte ist eine schnellere und weitgehend papierlose Bearbeitung möglich, vgl. MÜLDER (2003a).

[7] Vgl. WALENDY 2002, S. 24 f.

Schnelligkeit

Die Durchlaufzeit einzelner Personalprozesse soll verkürzt werden, beispielsweise indem der Bewerbungsprozess von ursprünglich 14 Wochen (von der Vakanz bis zum Abschluss eines neuen Arbeitsvertrages) auf 6 Wochen verringert wird.

Kostensenkung

Die Kosten pro Vorgang/Fall sollen reduziert werden, beispielsweise indem die Kosten eines Gehaltsabrechnungsfalls von 30 € (pro Mitarbeiter, pro Monat) auf 12 € gesenkt werden.

Qualitätssteigerung

Die Qualität der personalwirtschaftlichen Dienstleistungen soll verbessert werden, beispielsweise wenn durch einen verständlicheren Verdienstnachweis die Zahl der telefonischen Rückfragen zu einem Abrechnungslauf von 75 auf 10 im Monatsdurchschnitt sinken.

Zur Analyse und Dokumentation von Geschäftsprozessen wird häufig das ARIS-Konzept[8] und die Methode der „Ereignisgesteuerten Prozessketten" (EPK) verwendet.[9] Hierbei werden die Organisation, Daten, Funktionen und Prozesse betrachtet.

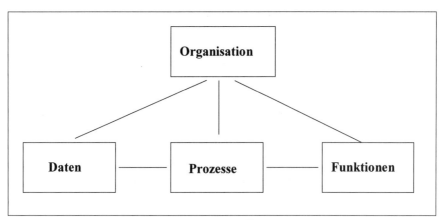

Abbildung 2: Gegenstand der Geschäftsprozessanalyse[10]

---

[8] ARIS bedeutet Architektur integrierter Informationssysteme.

[9] Vgl. SCHEER, 1997; SCHEER, 2001.

[10] Vgl. ABTS/MÜLDER, 2002, S. 273.

3 IT-Nutzung in der Personalwirtschaft

Durch Einsatz der elektronischen Datenverarbeitung wurde schon relativ früh damit begonnen, Routinearbeiten im Personalbereich, wie z.b. die Lohn- und Gehaltsabrechnung zu rationalisieren und zu automatisieren. Bis heute können wir drei „Generationen" von IT-Systemen im Personalressort unterscheiden (vgl. Abbildung 3). Im Anschluss an die lediglich auf Großrechnern verfügbaren Entgeltabrechnungssysteme wurden verstärkt Personalinformationssysteme zur Unterstützung administrativer Aufgaben eingesetzt, wie z.b. zur Bewerberverwaltung, Seminarverwaltung, zum Ausstellen von Bescheinigungen und zum Ausdruck verschiedenster Personalberichte und Statistiken. Die Personalinformationssysteme liefen anfangs auf einzelnen Personal Computern und seit Beginn der 90er Jahre im sog. Client-Server-Betrieb. Die PCs wurden untereinander vernetzt und jeder Benutzer konnte auf eine einheitliche Personaldatenbank zugreifen. Die dritte, derzeit aktuelle Generation von IT-Lösungen für das Personalwesen wird als „electronic Human Resources" (eHR) bezeichnet. Es handelt sich hierbei um webbasierte Systeme, die viele der bisher noch manuell durchgeführten Aufgaben des Personalressorts automatisieren sowie eine Verlagerung einfacher Routineaufgaben an Führungskräfte und Mitarbeiter ermöglichen.[11] Sämtliche Anwendungen zur Datenpflege und zum Informationsabruf werden über ein einheitliches System im Intranet zur Verfügung gestellt.[12]

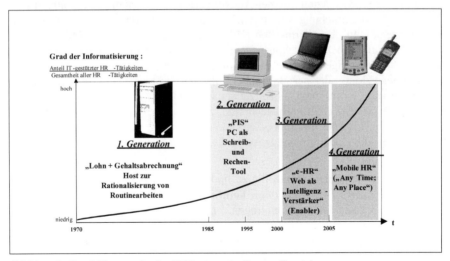

Abbildung 3: Entwicklungsstufen des IT-Einsatzes im Personalbereich

---

[11] Als Synonym für eHR wird auch B2E (Business to Employee) verwendet; vgl. MÜLDER 2003b.

[12] Diese Anwendung wird auch als Mitarbeiter-Portal bezeichnet.

Während sich bei PIS der Benutzerkreis überwiegend auf Mitarbeiter aus der Personalabteilung beschränkte, können durch Internet bzw. Intranet im Prinzip alle Mitarbeiter, Manager sowie externe Personen auf bestimmte Teile der Personaldaten sowie
auf bestimmte Anwendungsprogramme zugreifen. Diese Möglichkeit, die eigenen
Personaldaten anzusehen, zu ändern und wichtige Informationen abzurufen, wird
auch als Employee Self Service bezeichnet.[13] Während sich das PIS auf einzelne
Funktionen beschränkt (z.B. Erfassung von Bewerberdaten, Terminverwaltung, Be-
werberschriftverkehr) steht bei eHR die Unterstützung kompletter Geschäftsprozesse
im Vordergrund. Durch die verstärkte Verbreitung mobiler Informations- und Kommunikationstechniken, wie z.B. Handy, PDA zeichnet sich für die kommenden Jahre
bereits die nächste Generation von IT-Lösungen für den Personalbereich ab: mobile
HR. Hierbei wird es möglich sein, unabhängig vom jeweiligen Standort und Netzzu-
gang personenbezogene Informationen zu pflegen und abzurufen.

4 Optimierung des Personalbeschaffungs-Prozesses durch E-Recruiting

Bei E-Recruiting (als Teilbereich von eHR) werden die auf den (Personal-) Beschaf-
fungsmarkt hin ausgerichteten Maßnahmen wie Personalmarketing, Bewerbersuche,
Kontaktaufnahme zu Bewerbern, Vor-Auswahl durch Eignungstests sowie die Ein-
stellungsformalitäten primär über das Internet abgewickelt.[14] Die meisten Unternehmen, die über einen eigenen Internet-Auftritt verfügen, nutzen dieses Medium inzwischen zur Veröffentlichung von freien Stellen oder zur Abwicklung des Bewerbungsprozesses. In den allermeisten Fällen werden die technischen Möglichkeiten
von E-Recruiting noch nicht konsequent genutzt: Neben dem Internet müssen die
meisten Stellenanzeigen parallel in Printmedien veröffentlicht werden. Bewerbungen, die per E-Mail oder per Online-Formular das Unternehmen erreichen, müssen
oftmals erneut in die bestehende Bewerberdatenbank eingegeben werden, weil
Schnittstellen (noch) nicht vorhanden sind. Auch bei der Einbindung externer Job-
vermittler (Head Hunter und Jobbörsen) kommt es in den meisten Fällen zu Medien-
brüchen, weil die Datenformate zwischen Unternehmen und Jobbörsen (noch) nicht
abgestimmt sind.

Um potenzielle Mitarbeiter frühzeitig zu finden und an das Unternehmen zu binden,
können sich Interessenten mit ihren beruflichen Vorstellungen und Karrierewün-
schen in einen Kandidatenpool eintragen.[15] Die erstmalige Registrierung und späte-
ren Ergänzungen erfolgen über das Web. Die Kandidaten entscheiden, ob und wie
lange sie ihre Qualifikationsdaten im Kandidatenpool zur Verfügung stellen. Bei
vakanten Stellen kann das Unternehmen einen Abgleich zwischen dem Anforde-

---

[13] Vgl. MÜLDER 2000.

[14] MÜLDER, 2003b.

[15] Vgl. GAYK, 2002, S. 24 ff.

rungsprofil der Stelle und den gespeicherten Kandidatenprofilen durchführen und gezielte Jobangebote an einzelne Kandidaten per E-Mail versenden. Als Anreize für eine Registrierung in dem Kandidatenpool sind neben aktuellen Jobangeboten regelmäßige Newsletter, Karrieretipps sowie Einladungen zu Weiterbildungsveranstaltungen denkbar. Durch Nutzung einer Workflow-Komponente wird der administrative Teil des Bewerbungsprozesses unterstützt bzw. automatisiert.

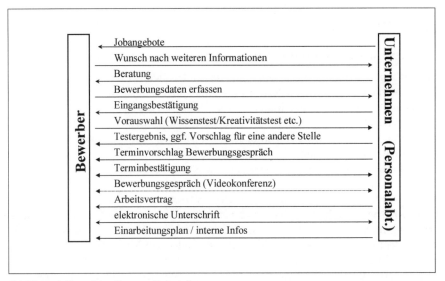

Abbildung 4: Recruiting-Prozess (Beispiel)

In Abbildung 4 wird ein idealtypischer IT-unterstützter Bewerbungsprozess dargestellt. Im Web informiert sich ein Bewerber über Jobangebote eines Unternehmens. Für die Erfassung von Bewerberdaten nutzt der Bewerber ein Online-Formular. Auch Einstellungstests können teilweise über das Internet abgewickelt werden. Die ZF Friedrichshafen[16] führt für das jährlich zu besetzende Trainee-Programm die Vorauswahl per Internet durch. Nach der Online-Anmeldung haben die zugelassenen Kandidaten einen interaktiven Wissenstest mit einer Dauer von ca. 2 Stunden sowie eine kreative Kleingruppenarbeit via Internet im Dreierteam zu absolvieren.[17] Die Commerzbank hat unter www.hotstaff.de für die Zielgruppe Hochschulabsolventen einen interaktiven Karriereberater entwickelt. Hierbei wird eher spielerisch das Potenzial der Kandidaten getestet und es werden Informationen zum Unternehmen und zum

---

[16] Vgl. www.zf-group.de.

[17] Vgl. LAMPRECHT/MAILAHN, 1998.

Berufseinstieg vermittelt. Sowohl Arbeitgeber als auch Bewerber sollen davon profitieren: Die Bank erfährt einiges über das fachliche Potenzial der Kandidaten, die Interessenten lernen Anforderungen der Bank kennen und erhalten ein Feedback, inwieweit ihre Fähigkeiten damit übereinstimmen.[18]

Selbst das Bewerbungsgespräch könnte in Kürze über eine Web-Cam abgewickelt werden, wobei dieser Prozessschritt allerdings nur für ein erstes Informationsgespräch, bei terminlicher Unabkömmlichkeit des Bewerbers oder bei sehr hohen Reisekosten geeignet erscheint.

5 Optimierung administrativer Personalprozesse durch E-Administration

Ein wichtiger Ansatz für Prozessoptimierung im Bereich der Personaladministration ist die Verlagerung von Datenerfassungs- und -pflegeaufgaben aus dem Personalressort an die Mitarbeiter und Manager (Employee Self Service (ESS) bzw. Manager Self Service (MSS)).[19] Die eigenverantwortliche Pflege der Personaldaten sowie der Abruf von Informationen erfolgen über einen Browser. Die Mitarbeiter müssen am Arbeitsplatz einen Zugang zum Intranet haben. In produzierenden Bereichen kann für mehrere Personen ein PC bzw. Intranet-Kiosk aufgestellt werden. Der Missbrauch wird durch Sperrung besonders sensibler Daten sowie durch die Vergabe von Zugriffsberechtigungen verhindert. Durch Verschlüsselungstechniken kann ein hohes Maß an Sicherheit im Netzverkehr erzielt werden. Im Anschluss an die Datenerfassung im Selbstbedienungs-Modus erfolgen Fehlerprüfungen durch die Software und Genehmigungen durch den Vorgesetzten. Ändert der Mitarbeiter beispielsweise seine Bankverbindung für die monatliche Entgeltabrechnung, muss die Bankleitzahl direkt geprüft werden. Ein Urlaubsantrag wird per Workflow entweder vom direkten Vorgesetzten oder dessen Vertreter elektronisch genehmigt (oder abgelehnt) und das Ergebnis dem Antragsteller anschließend mitgeteilt.[20] Durch ESS bzw. MSS können viele Routinevorgänge, die ursprünglich zunächst per Formular erfasst und anschließend an die zentrale Personalabteilung weitergegeben wurden, jetzt direkt per Web-Formular eingegeben werden. Das Papierformular wird durch ein elektronisches Formular ersetzt. Beispiele für derartige Self-Service-Transaktionen sind:

- Adressänderung,

- Änderung der eigenen Bankverbindung,

- Kauf bzw. Verkauf von Belegschaftsaktien,

---

[18] Vgl. REGGENTIN-MICHAELIS, 2000.

[19] Vgl. BURKLE/HÖFER, 2000, S. 62 ff.; WOLLSCHLÄGER, 2000, S. 599.

[20] MÜLDER, 2000, S. 4.

- Anmeldung zu Seminaren, Seminarbewertungen,
- Reisekostenanträge und -abrechnungen sowie
- Urlaubsanträge, Zeiterfassung und -korrekturen.

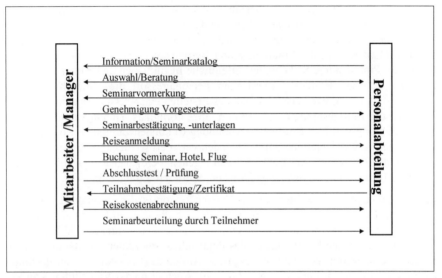

Abbildung 5: Weiterbildungs-Prozess (Beispiel)

Zusätzlich können jedoch auch viele Informationen, die ursprünglich zunächst über das Personalressort angefordert werden mussten, jetzt direkt abgerufen und ggf. ausgedruckt werden, beispielsweise:

- Seminarkatalog,
- Verdienstnachweis und
- Einsicht in die Personalakte.

In Abbildung 5 wird exemplarisch der Prozess „Seminar/Schulungsveranstaltung" dargestellt. Per ESS können sich die Mitarbeiter über angebotene Kurse und Seminare informieren. Die Veranstaltungen können direkt gebucht (und ggf. wieder storniert) werden. Der Vorgesetzte kann per Workflow das beantragte Seminar ablehnen bzw. auf einen anderen Termin verschieben. Abschlusstests und damit verbundene Zertifikate können ebenso wie die Seminarbeurteilung durch die Teilnehmer online über den Browser vorgenommen werden.

6 Optimierung personalwirtschaftlicher Kundenprozesse durch E-Relationship-Management

Bei der Analyse von Geschäftsprozessen steht immer der Kunde bzw. die Steigerung des Kundennutzens im Vordergrund. In Anlehnung an Ideen des kundenzentrierten Unternehmens („Customer Relationship Management") wird die stärkere Berücksichtigung der personalwirtschaftlichen Kundenprozesse als „E-Relationship-Management" bezeichnet. Kunden der Personalabteilung sind intern die Führungskräfte, das Top-Management, die Mitarbeiter und Betriebsräte. Externe Kunden sind z.b. Bewerber, Praktikanten, Stakeholder, öffentliche Institutionen und Ämter. Die internen und externen Kunden fordern vom Personalressort die unterschiedlichsten Dienstleistungen an, wie beispielsweise das Erstellen einer Personalstatistik, die Berechnung der Betriebsrente, das Ausfüllen eines Formulars. Durch Automatisierung und Einführung von ESS (Stufe 1 in Abbildung 6) können zahlreiche Routinearbeiten von der Personalabteilung auf die Kunden verlagert werden. Ein Beispiel hierfür ist der Zugriff (und ggf. Ausdruck) auf den eigenen Verdienstnachweis über das Intranet als Ersatz für das aufwändige Drucken, Sortieren, Eintüten und Versenden.

Für zahlreiche Standardanfragen an das Personalressort ist die Einrichtung eines zentralen Call Centers denkbar. Hierdurch lassen sich die meisten Betreuungsaufgaben zentralisieren und letztlich auch kostengünstiger abwickeln (Stufe 2 in Abbildung 6). Zu den verbleibenden Kernaufgaben des Personalressorts zählen arbeits- und sozialgesetzliche Spezialthemen sowie strategische Aufgaben (Personalplanung, Personalcontrolling, vgl. Stufe 3 und 4 in Abbildung 6). Auch wenn das Vier-Stufen-Konzept derzeit nur in wenigen Großunternehmen praktiziert wird, so enthält es doch einige grundlegende Ansatzpunkte für eine verbesserte kundenorientierte Personalwirtschaft.

7 Chancen und Gefahren

Bei der Optimierung personalwirtschaftlicher Prozesse wird zwischen qualitativen und quantitativen Nutzeffekten unterschieden. Qualitative Vorteile entstehen durch die Beschleunigung und Verschlankung personalwirtschaftlicher Prozesse. Exemplarisch verdeutlichen BUSCH und BRENNER diese Effekte am Beispiel des Personalbeschaffungsprozesses[21]. Im Vergleich zum Ausgangszustand reduzierten sich durch Prozessoptimierung und E-Recruiting in der Personalbeschaffung die manuell durchzuführenden Aufgaben um insgesamt dreizehn Teilaufgaben (64 Prozent). Durch die Verlagerung von Erfassungsarbeiten auf die Bewerber und die Einbindung aller beteiligten Stellen in den Bewerberworkflow können somit letztlich auch Zeiten und Kosten – zumindest im Personalbereich – eingespart werden.

---

[21] Vgl. BUSCH/BRENNER 2002, S. 26 ff.

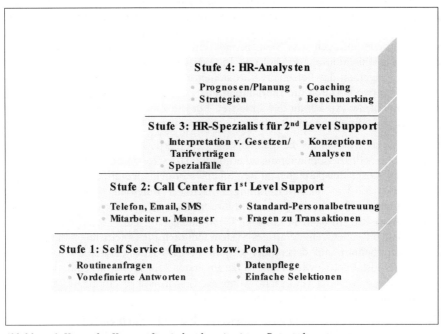

Abbildung 6: Vierstufen-Konzept für ein kundenorientiertes Personalmanagement

In einer Fallstudie untersuchte WALENDY[22] den Entgeltabrechnungsprozess. Der Ist-Prozess umfasste 86 verschiedene Aktivitäten, an denen 12 verschiedene Organisationseinheiten beteiligt waren; insgesamt betrug die Bearbeitungszeit 1.830 Minuten und verursachte Kosten in Höhe von 823,50 Euro. Durch verschiedene organisatorische Maßnahmen (Zusammenfassung von Aufgaben, Einführung eines Prozessteams mit erweiterten Aufgaben), personelle Maßnahmen (Personalentwicklungsmaßnahmen, Change Management) und neue IT (Schaffung einer einheitlichen Personaldatenbasis, Automatisierung, Einführung integrierter Software) reduziert sich der Sollprozess auf lediglich 28 Aktivitäten, an denen 4 Organisationseinheiten beteiligt sind. Die Bearbeitungszeit verringert sich auf 480 Minuten und die Kosten auf 216 Euro. Die Dauer für die Abrechnungsläufe konnte von 1,5 Wochen auf 3 Tage verkürzt werden.

Ein weiterer Vorteil von Prozessoptimierung und eHR liegt in der Verbesserung der Servicequalität der Personalabteilung. Über das Web ist die „virtuelle" Personalab-

---

[22] Vgl. WALENDY, 2002.

teilung ständig erreichbar (24 Stunden, 7 Tage, weltweit). Über ESS können Standardanfragen der Mitarbeiter formalisiert werden, so dass die Personalabteilung entlastet und Rationalisierungseffekte erzielt werden können. Für die Beantwortung von Mitarbeiteranfragen setzt Siemens mobile beispielsweise eine eHR-Lösung ein, die eine Kombination aus E-Mail und Intranet dargestellt. Die Mitarbeiter können jederzeit Fragen an das Personalressort stellen und erhalten innerhalb von 24 Stunden eine Antwort. Durch die Einrichtung eines virtuellen Expertenteams wird eine hohe Qualität der Auskünfte gewährleistet. Für die Zukunft ist auch eine teil-automatisierte Beantwortung von Routineanfragen möglich.[23]

Wesentlich schwieriger als die qualitativen Nutzeffekte sind Kosteneinsparungen als Ergebnis einer Prozessoptimierung zu ermitteln. Das Grundproblem besteht zunächst darin, dass Kosteneinsparungen zu Beginn eines Projekts lediglich geschätzt werden können und Kosten-Nutzen-Ermittlungen nach der Inbetriebnahme oftmals nicht durchgeführt werden. Im Zuge der Einführung eines Mitarbeiterportals mit ESS bei Dell werden Investitionen in einer Größenordnung von ca. 5 Mio. Euro genannt, wobei als Konsequenz ein derartiges System lediglich für Unternehmen mit mehr als 2.000 Mitarbeitern und dezentraler Organisationsstruktur empfohlen wird.[24] Das Mitarbeiterportal bei Hewlett Packard hat im ersten Jahr Kosten in Höhe von insgesamt 20 Mio. US Dollar verursacht, wobei die Ersparnisse (ebenfalls im ersten Jahr) mit 50 Millionen US Dollar angegeben werden[25].

Bei derartigen Investitionssummen müssen auch die Gefahren einer Prozessoptimierung im Personalbereich genau analysiert werden. Bei der Einführung von eHR ist, wie zuvor bereits bei den PIS, die Mitbestimmung der Betriebsräte nach § 87, Abs. 1, Nr. 6 zu beachten. Während es anfangs bei der Einführung von PIS auf Großrechnern und später bei PC-gestützten PIS zu erheblichen Widerständen der Betriebsräte kam, sind derartige Probleme bei eHR bislang nicht bekannt geworden. Arbeitnehmer- und Arbeitgeberseite schließen über den Einsatz von eHR üblicherweise eine Betriebsvereinbarung ab, in der die Anwendungsmöglichkeiten und -grenzen festgelegt werden. Besondere technische Sicherheitsmaßnahmen (z.B. Firewall, Verschlüsselung) sind auch aufgrund des Bundesdatenschutzgesetzes erforderlich, wenn der Zugriff auf Personaldaten über das Internet erfolgt. Neben den rechtlichen Beschränkungen ist die Akzeptanzsicherung bei eHR von großer Bedeutung. Durch mangelhafte Information, unzureichende Schulung, schlechte Software-Ergonomie besteht die Gefahr, dass die Mitarbeiter „ihr" System nicht in dem geplanten Umfang nutzen und die Personalabteilung statt der erhofften Entlastung mit zusätzlichen Routineanfragen und Beschwerden überhäuft wird.

---

[23] Vgl. NITZPON 2001.

[24] Vgl. ESSLER, 2001, S. 35.

[25] Vgl. SCHOLL, 2002.

Schließlich besteht auch die Gefahr, dass eHR (oder einzelne Teile davon) zwar eingeführt werden, die erhofften Prozessverbesserungen und Kosteneinsparungen letztlich jedoch nicht eintreten. In zwei empirischen Studien wurde dieses Problem bei E-Recruiting offenkundig: Auf eine E-Mail-Anfrage eines fiktiven Bewerbers, die eine qualifizierte Bearbeitung durch die Personalabteilung erforderte, reagierten lediglich 24 Prozent innerhalb von 24 Stunden (vgl. Abbildung 7). Bei mehr als einem Drittel der Unternehmen wurde die Anfrage überhaupt nicht bzw. unzureichend beantwortet.[26] In einer anderen Studie (befragt wurden die Dax-100-Unternehmen) wurde die Reaktionszeit der Unternehmen auf eingegangene elektronische Bewerbungen gemessen. Wiederum antwortete knapp ein Viertel der Unternehmen innerhalb von 24 Stunden. Fast die Hälfte reagierte jedoch überhaupt nicht auf die Bewerbung. Im Vergleich zu den traditionellen Bewerbungen war die Rücklaufquote bei elektronischen Bewerbungen deutlich niedriger.[27]

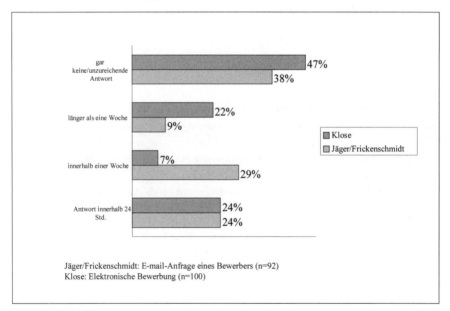

Abbildung 7: Reaktionszeiten bei E-Recruiting

---

[26] Vgl. JÄGER/FRICKENSCHMIDT 2003, S. 32.
[27] Vgl. KLOSE, 2003, S. 42.

8 Fazit

Moderne IT-Lösungen bieten eine große Chance, traditionelle, zeit- und kostenaufwändige personalwirtschaftliche Prozesse zu optimieren. Nur wenn im Unternehmen erkannt wird, dass sich nicht nur das Medium (Bildschirm und Tastatur statt Formular und Bleistift) sondern auch die bisherigen Abläufe ändern müssen, werden die erhofften Nutzeffekte eintreten. Die Personalabteilungen stehen (wieder einmal) unter Druck: Wenn sie sich zu wenig oder zu spät mit den Möglichkeiten des Web beschäftigen, werden andere (z.b. externe Personalberater, Jobbörsen oder andere Abteilungen wie z.b. Controlling oder IT) die neuen Prozesse und Systeme maßgeblich gestalten. Wenn allerdings euphorisch „nur" eine neue technische Lösung eingeführt wird, besteht die Gefahr, dass diese Lösung später weder akzeptabel noch wirtschaftlich ist. Die gründliche Analyse und Optimierung von Personalprozessen ist daher eine unverzichtbare Voraussetzung für die erfolgreiche und wirtschaftliche Nutzung neuer IT im Personalressort.

Literatur

ABTS, D./MÜLDER, W.: Grundkurs Wirtschaftsinformatik, 4. Aufl., Braunschweig 2002.

BRÜTSCH, C.: Personalmanagement gestaltet Fusionsprozess, in: Personalwirtschaft, Heft 1/2000, S. 40-44.

BURKLE, H./HÖFER, S.: Eigenverantwortung macht produktiv: elektronische Mitarbeiter-Services, in: CoPers Computer und Personal, Heft 7/2000, S. 62-64.

BUSCH, C./BRENNER, W.: Zukünftige Prozesse in der Personalbeschaffung auf Grundlage von internet-basierten Personalinformationssystemen, in: Information Management & Consulting 17(2002)1, S. 20-30.

CURRAN, T.A./KELLER, G.: SAP R/3 Business Blueprint, Bonn 1999.

ESSLER, P.: Tor zur eigenen HR-Welt, in: Personalwirtschaft Sonderheft 10/2001, S. 31-35.

GERLACH, D./DUHL, M.: Die neue DV-Landschaft im Personalressort, in: Copers Heft 7/1999, S. 12-19.

GAYK, F.: Bindung schafft Zukunft, in: CoPers Computer und Personal, Heft 3/2002, S. 24-29.

JÄGER, W./FRICKENSCHMIDT, S.: Professionelle HR-Webseiten, in: Personalwirtschaft Heft 1/2003, S. 30-32.

KLOSE, J.: E-Recruiting: Kosteneinsparpotenziale bisher unvollständig realisiert, in: Personal Heft 2/2003, S. 39-42.

LAMPRECHT, S./MAILAHN, J.: Effektive Bewerberauswahl via Internet, in: Personalwirtschaft, Heft 1/1998, S. 42-46.

LÜBKE, C./RINGLING, S.: Personalwirtschaft mit mySAP HR – Prozessorientierte Einführung, rollenbasierte Anwendung, Bonn 2001.

MÜLDER, W.: Employee Self Service – Delegation von Personalarbeit an Mitarbeiter, Manager und Bewerber, in: Das flexible Unternehmen (Loseblattsammlung), Ausgabe Oktober 2000, 12. Nachlieferung, Kz. 09.05, Wiesbaden 2000.

MÜLDER, W.: Einsatz von Workflow-Management-Systemen bei der Personalrekrutierung, in: E-Recruitment und E-Assessment, Rekrutierung, Auswahl und Beurteilung von Personal im Inter- und Intranet, hrsg. von KONRADT, U./SARGES, W., Göttingen 2003a (im Druck).

MÜLDER, W.: Electronic Human Resources – Potenziale und Grenzen, in: Informationsmanagement – Neue Herausforderungen in Zeiten des E-Business, hrsg. von KEMPER, H.G./MÜLDER, W./ LOHMAR 2003b (im Druck).

NITZPON, C.: E-Business-Lösung für Mitarbeiteranfragen, in: Personalwirtschaft Heft 1/2001, S. 54-56.

REGGENTIN-MICHAELIS, P.: Virtuelle Karriereberatung, in: Personalwirtschaft Heft 1/2000, S. 45-50.

SCHEER, A.-W.: Wirtschaftsinformatik – Referenzmodelle für industrielle Geschäftsprozesse, 7. durchges. Aufl., Berlin u.a. 1997.

SCHEER, A.-W.: ARIS-Modellierungsmethoden, Metamodelle, Anwendungen, 4. Aufl., Berlin u.a. 2001.

SCHMEISSER, W.: Prozessoptimierung und Kundenorientierung im Personalwesen – von der klassischen Personalsachbearbeitung zum Dienstleister, in: Personal, Heft 1/2001, S. 15-19.

SCHOLL, H.: Das Mitarbeiterportal bei Hewlett Packard, Vortragsunterlagen BDA-Fachtagung: Die elektronische Personalabteilung, Berlin, 12.12.2002.

WALENDY, N.: Prozessoptimierung in der Entgeltabrechnung, in: Lohn+Gehalt, September 2002, S. 23-27.

WOLLSCHLÄGER, F.: Der Einsatz des Intranets für die Personalarbeit – Optionen für eine Strukturreform, in: Personal Heft 11/2000, S. 598-602.

PeopleSoft Human Capital Management – Spannungsfelder zwischen globalen und lokalen Geschäftsprozessen – Unterstützung personalwirtschaftlicher Geschäftsprozesse in internationalen Unternehmen mit Hilfe von PeopleSoft

Matthias Feineisen

Spannungsfeld – Globale und lokale Geschäftsprozesse

Weltweit operierende Unternehmen stellen hohe Anforderungen an Ihre Geschäftsprozesse. Die Gartner Group ruft das „Real Time Enterprise" aus, Entscheidungen müssen in Echtzeit gefällt werden, dafür müssen die adäquaten Informationen zur Verfügung stehen. Prozesszeiten müssen verkürzt werden, die Kosten reduziert und die Wertschöpfung soll gleichzeitig erhöht werden. „Wer Wochen braucht, um die finanzielle Situation seines Unternehmens zu analysieren, setzt sich heute dem starken Verdacht aus, Zahlen zu manipulieren." (Quelle: www.computerwoche.de; 09.12.2002)

Dies stellt hohe Anforderungen an personalwirtschaftliche Geschäftsprozesse auf internationaler Ebene:

- Informationen müssen auf Knopfdruck konsolidiert verfügbar sein,
- Zugang zu den benötigten Informationen muss für alle Beteiligte möglich sein, jederzeit und überall,
- Systeme und Geschäftsprozesse müssen miteinander verbunden sein,
- Prozesszeiten (Personalbeschaffung, Versetzungen, etc.) müssen verkürzt werden,
- Standardisierte Geschäftsprozesse sollen weltweit zur Verfügung stehen und
- Einheitliche Begriffsdefinitionen und Ermittlung von Daten (Kennzahlen ermitteln wie FTE-Ermittlung [Full-Time Equivalent], Produktivität, etc.).

Im Gegensatz hierzu sehen sich international operierende Unternehmen gerade im Personalbereich einer hoch regulierten Welt gegenüber. Gesetze wie Arbeitsschutzgesetze, Datenschutzbestimmungen, Tarif- und Betriebsvereinbarung sind von Land zu Land sehr unterschiedlich und stellen oftmals Barrieren für die Durchführung von globalen Geschäftsprozessen in Echtzeit dar. Zusätzlich gibt es gewachsene Strukturen und Abläufe in den einzelnen Ländern. Beispielsweise stellt bereits eine länderübergreifende FTE-Ermittlung eine hohe Hürde für viele Organisationen dar.

Dieses Spannungsfeld „Globale und lokale Geschäftsprozesse" sowie die folgenden Fragestellungen und Themenbereiche sollen in diesem Beitrag näher erläutert werden und Lösungen aufzeigen:

- Wie sieht die Architektur eines modernen internationalen Personalinformationssystems aus? Welche Technologie ist die Basis?
- Wie kann dieses Spannungsfeld „Globale und lokale Anforderungen" durch ein modernes Personalinformationssystem untersützt werden?
- Wie kann das Real Time Enterprise unterstützt werden?
- Globale und lokale Anforderungen – funktioniert das?
- Wie kann Collaboration – die Zusammenarbeit aller Prozessbeteiligter – realisiert werden?
- Architektur eines internationalen Personalinformationssystems.

Abbildung 1 zeigt den Aufbau der PeopleSoft HCM-Anwendungen. Alle Anwendungen basieren auf der selben technologischen Plattform, der PeopleSoft Internet Architektur. Der zweite Baustein ist die Ebene „Globale Geschäftsprozesse" innerhalb des Personalwirtschaftssystems. Die Spitze bilden die sogenannte Ländererweiterungen, welche die lokalen Anforderungen der einzelnen Länder beinhalten. Diese Architektur gewährleistet die Realisierung von globalen Geschäftsprozessen und gleichzeitiger Berücksichtigung lokaler Anforderungen in einem zentralen, einheitlichen System. Diese Architektur mit Ihren Merkmalen bedarf einer näheren Erläuterung.

Ebene 1: Architektur und Technologie

Wie sieht eine moderne Architektur aus, die den Gedanken des Real-Time Enterprise im Bereich Personalwirtschaft wirklich macht?

Heutige Personalinformationssysteme benötigen eine leistungsstarke und belastbare Architektur. Diese Anforderungen erfüllt eine reine Internetarchitektur auf Basis von Standard-Webtechnologien wie HTML oder XML. Mit hoher Anwenderfreundlichkeit, Sicherheit, Flexibilität, Skalierbarkeit und einer großen Ausbaufähigkeit durch weitreichende Integrationsmöglichkeiten hat die kostengünstige Internetarchitektur das Potenzial, dem klassischen Client-Server-Ansatz den Rang abzulaufen. Herkömmliche Client-Server Systeme haben vielfältige Probleme:

- Kostspielige Benutzerverwaltung, da in der Regel die Benutzer pro Anwendung verwaltet werden.
- Softwareverteilung: Client-Server Systeme benötigen eine Installation auf jedem Arbeitsplatz, dadurch wird die Prozessintegration aller Beteiligten jederzeit und an jedem Ort nur sehr schwer umsetzbar.

- Traditionelle Systeme sind zu proprietär und für den Geschäftsprozess übergreifenden Einsatz zu unflexibel.

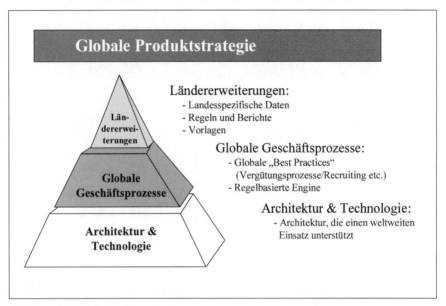

Abbildung 1: Globale Produktstrategie

Standard-Internettechnologie im Einsatz: Das PeopleSoft Personalinformationssystem basiert seit Version 8 auf einer Internetarchitektur (vgl. Abbildung 2).

Eine reine Internet-Architektur ermöglicht es jedem Nutzer, von überall und jederzeit auf die Anwendung und die zentralen Daten des Unternehmens zuzugreifen. Die Architektur nutzt dazu Standard-Internettechnologien wie

- Hypertext Markup Language (HTML),
- Wireless Markup Language (WML),
- Extensible Markup Language (XML),
- Hypertext Transfer Protocol (HTTP) und
- WebServices (SOAP, WSDL, UDDI).

Eine Internetarchitektur arbeitet mit einem sogenannten „Thin Client", d.h. es wird keine Software auf den Clients installiert. Als Client kann hier jedes Endgerät, das Standard-Webtechnologien wie HTTP, HTML, WML oder XML unterstützt, eingesetzt werden und mit einem Internet Applikationsserver kommunizieren. Mit einem Standard-Web-Browser hat jeder Berechtigte über das Internet Zugriff auf seine Geschäftsprozesse und kann die neuesten Daten und Prozesstransaktionen in Echtzeit abrufen.

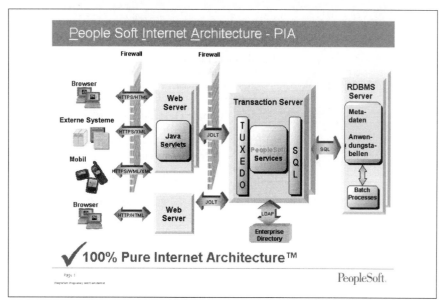

Abbildung 2: PIA: PeopleSoft Internet Architecture

Die gängigsten Enduser-Arbeitsplätze sind PCs oder Laptops mit einem Web Browser (HTML). Künftig auch zunehmend mobile Endgeräte (WML), wie PDAs oder Mobiltelefone. Auch 3rd Party-Systeme (XML) sind Beispiele für Internet Clients.

Internetarchitekturen sind komplett serverzentrierte, Komponenten-Architekturen. Die zentralen Elemente bilden WebServer- und Anwendungsserver-Ebenen, die beide aufgrund ihrer Architektur skalierbar und sicher sind. Tuxedo, der Transaktionsmonitor von BEA Systems, ermöglicht die hohe Skalierbarkeit der Architektur durch zusätzliche Hardware bei Ausweitung der Benutzerbasis.

Die Basis der Webserver (Ausführungsumgebung) bilden bei der PeopleSoft-Architektur BEA WebLogic oder IBM Websphere, die Java-Servlets unterstützen. BEA Tuxedo verwaltet die Dienste zur Unterstützung der Generierung von Benutzeroberflächen (dynamische HTML-Seiten), der Integration auf Geschäftsprozessebene, der

SQL-Zugriffe auf die Datenbanken und der Ausführung der gesamten Geschäftspro-zesslogik. Neben der Bereitstellung von Diensten gehören zu den Aufgaben des Anwendungsservers die dynamische Verknüpfung verteilter Anwendungen, Load Balancing sowie die Gewährleistung der Hochverfügbarkeit.

Eine oder mehrere zugehörige Datenbanken bilden das Repository für die Informa-tionen aller Unternehmensanwendungen. Die zu verwaltenden Anwendungsdaten, aber auch die Metadaten liegen in einer relationalen SQL-Datenbank. PeopleSoft unterstützt hier die marktführenden Datenbankmanagementsysteme, wie z.b. IBM DB2, Oracle, Informix, Sybase und Microsoft SQL Server. Seit das Internet dem Anwender die weltweite Implementierung von eBusiness-Anwendungen ermöglicht, ist eine globale Architektur sehr wichtig. Dank der Internetarchitektur können eBusiness-Anwendungen implementiert werden, die zahlreiche Sprachen und länder-spezifische Geschäftsregeln unterstützen und das über mehrere Zeitzonen hinweg. Die Internetarchitektur ist die erste Unternehmensarchitektur mit umfassender Unicode-Unterstützung, d.h. separate Datenbanken und Anwendungsserver für unterschiedliche Zeichensätze sind nicht mehr erforderlich – alles liegt in einer Datenbank vor.

Die reine Internet-Architektur ermöglicht schließlich unter Verwendung von Web-technologien wie HTTP, XML oder HTML eine offene Integration auf Basis von Web Services. Diese führt zu einfacheren Integrationen auch über Unternehmens-grenzen hinweg und das zu geringen Kosten.

Fazit – Architektur

Die einem modernen Personalinformationssystem zugrunde liegende Technologie ist der Schlüssel zur Realisierung der beiden weiteren Ebenen Globale Geschäftspro-zesse und Ländererweiterungen.

Erst die Internet-Technologie ermöglicht die Einbeziehung aller Prozessbeteiligten jederzeit an jedem Ort. Gleichzeit beinhaltet diese Architektur Kostenvorteile für weltweit operierende Unternehmen. Die Einbeziehung von Anwendern einer neuen Landesgesellschaft benötigt nur die Zusendung einer Benutzerkennung und eines Passwortes. Der teure Rollout von Software in die einzelnen Länder gehört damit der Vergangenheit an.

Durch die Unterstützung von Web-Services als Integrationstechnologie wird das Real-Time Enterprise Wirklichkeit. Informationen stehen aktuell zur Verfügung und lassen gerade im globalen Umfeld Entscheidungen schneller und fundierter treffen und umsetzen.

Ebene 2: Globale Geschäftsprozesse

Aufbauend auf der Internet Architektur bietet PeopleSoft eine umfassende Geschäftsprozessunterstützung an. Die Globalen Geschäftsprozesse unterstützen alle Phasen von der Gewinnung, Einstellung, Entwicklung, Betreuung und Vergütung eines Mitarbeiters.

Die Kern HCM Prozesse werden im Folgenden kurz skizziert. Hervorzuheben ist dabei, dass diese Prozesse alle Beteiligten (Personalabteilung, Mitarbeiter, Bewerber, Führungskräfte, etc.) berücksichtigen und direkt in die Prozesse einbeziehen. Ein weiteres Kennzeichen aller unterstützter Prozesse ist, dass Analyseanwendungen direkt in die Prozesse integriert sind (Embedded Analytics).

Plan/Attract/Onboard

Diese Geschäftsprozesse unterstützen alle Aktivitäten der Gewinnung von neuen Mitarbeitern inklusive Planung des Bedarfs, der Definition der Strategie, deren Umsetzung und Analyse. Aufgrund der Integration aller Prozesse ist die Gewinnung von neuen Mitarbeitern ein Weg, um eine Strategie umzusetzen.

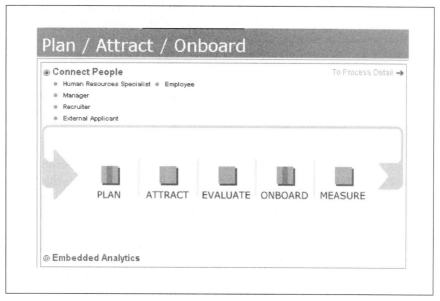

Abbildung 3: Plan/Attract/Onboard

Assess/Design/Develop

Diese Prozesse unterstützen alle Abläufe im Bereich der Personalentwicklung. Die Einschätzung und Modellierung von Anforderungen, die Zielsetzung und Zielverfolgung wie auch die Entwicklung von Trainingsplänen. Diese Prozesse können ebenfalls durch umfassende Analysemöglichkeiten unterstützt werden.

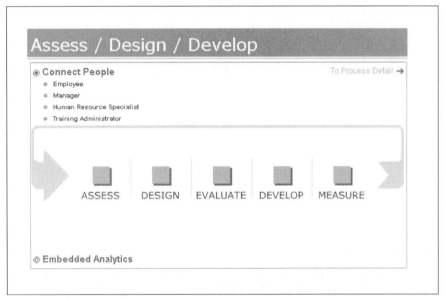

Abbildung 4: Assess/Design/Develop

Optimize/Track/Monitor

Diese Prozesse unterstützen den Einsatz der Mitarbeiter, die Bezahlung und die Lösung von Problemen. Die Problemlösung kann durch eine Help-Desk-Anwendung unterstützt werden. Problemlösungsdaten stehen den Mitarbeitern zur Verfügung. Ebenso kann die Kommunikation mit den HR-Verantwortlichen effektiv gesteuert werden. Die Bezahlung wird durch die Global Payroll unterstützt. Diese multinationale Abrechnungslösung unterstützt die Abrechnungsregeln der jeweiligen Länder und ist dadurch ebenfalls ein sehr gutes Beispiel für die Auflösung des Spannungsfeldes Global und Lokal.

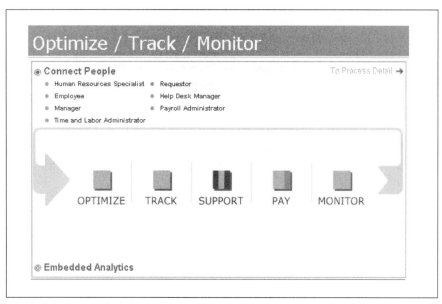

Abbildung 5: Optimize/Track/Monitor

Plan/Incent/Reward

Diese Prozesse unterstützen die Definition von Vergütungspaketen, die Bezahlung und die Analyse dieser Pakete. Zur Planung von Vergütungspaketen können auch Benchmarkergebnisse in das System geladen werden und zur Analyse verwendet werden.

Zusammenfassend lässt sich sagen, dass die Ebene „Globale Geschäftsprozesse alle Bereiche der Personalwirtschaft unter Einbeziehung aller Beteiligten unterstützt. Zusätzlich werden auf allen Ebenen integrierte Analyseanwendungen zur Verfügung gestellt (Embedded Analytics).

Diese Prozesse und Abläufe auf einer standardisierten Basis können Gültigkeit für alle Bereiche einer international operierenden Organisation besitzen. Mit der Verfügbarkeit globaler Geschäftsprozesse sind die Voraussetzungen für die Konsolidierung von Informationen geschaffen.

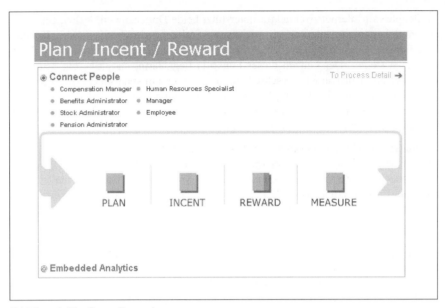

Abbildung 6: Plan/Incent/Reward

Ebene 3: Ländererweiterungen

Wie kann man eine Ländererweiterung kennzeichnen? Kurz gesprochen handelt es sich um die Abdeckung von Länderfunktionen wie beispielsweise Namensformate und Adressfelder oder spezifisch für Deutschland Betriebsratsprozesse. Zusätzlich gehört hierzu auch der Bereich Übersetzung (Mehrsprachigkeit). Die Übersetzung der Produkte bezieht sich auf alle Produkte.

Mehrsprachigkeit – Übersetzung

Unter der Prämisse, alle Beteiligten in Prozesse einzubeziehen und Informationen zur Verfügung zu stellen, besitzt die Mehrsprachigkeit eines Systems eine fundamentale Bedeutung.

Der Bereich Übersetzung der Produkte und Mehrsprachigkeit des Systems hat zwei Dimensionen:

- Übersetzung der Anwendung bzw.
- Übersetzung der Dateninhalte.

Die PeopleSoft Internet Architektur unterstützt beide Dimensionen. Neben den Bildschirmmasken sind Dateninhalte wie bspw. Stellenbeschreibungen oder Kursbeschreibungen übersetzbar und dem Anwender in seiner jeweiligen Sprache zur Verfügung zu stellen. Der Nutzen dieser Funktion liegt darin, dass z.b. ein deutscher Anwender die deutsche Kursbeschreibung lesen kann, ein spanischer Anwender den spanischen Text zur Verfügung hat, beide letztendlich aber über den selben Kurs sprechen. Weiterhin kann nach Bedarf bei der Dateneingabe eine Rechtschreibhilfe den Anwendern zur Hand gegeben werden.

Ein weiteres wichtiges Merkmal von PeopleSoft für die Übersetzung ist die Unterstützung von Unicode, einem internationalen Standard (ISO/IEC 10646-1), der die Buchstaben und Zeichen von allen wichtigen Sprachen weltweit beinhaltet. Erst durch die Unterstützung dieses Standards ist ein zentrales weltweites Personalinformationssystem technisch realisierbar.

Länderfunktionen

Die Ländererweiterungen werden basierend auf den globalen Geschäftsprozessen zur Verfügung gestellt. So kann beispielsweise ein Einstellungsprozess systemseitig mit den gleichen Schritten durchgeführt werden (Prozess „Plan/Attract/Onboard"). Durch die Eingabe des Landes Deutschland als Rechtsgebiet für die Einstellung werden im Hintergrund aber sofort Betriebsratsprozesse angestoßen und berücksichtigt.

Die PeopleSoft Architektur bietet den Anwendern Zugriff auf globale und lokale Anforderungen aus einem Bildschirmaufbau heraus. Durch die jeweilige Länderflagge erkennt der Anwender direkt, dass zum jeweiligen Geschäftsprozess lokale Anforderungen zu berücksichtigen sind. (vgl. Abbildung 7). Die jeweiligen Länder erscheinen hier entsprechend dem Sicherheitsprofil des Anwenders. Ist ein Anwender nur für deutsche Mitarbeiter zuständig, dann sieht er beispielsweise die Neuseeländische Funktionalität nicht auf seinem Bildschirm.

Die Software sollte also die Anforderungen des deutschen Arbeitsmarkts genauso beachten wie internationale Standards. Die Spezifikation für den Ländereinsatz ist wichtig, weil das Arbeitsrecht sehr vielfältig ist. Ein Beispiel: Eine Software für den Einsatz in Deutschland muss neben Konzernreporting eine Schwerbehindertenmeldung genauso beherrschen wie die komplizierten Berechnungen der Altersteilzeit.

Datenschutzanforderungen – Ein globales Personalinformationssystem stellt neben der Funktionalität und Übersetzung ebenfalls hohe Anforderungen an die Datensicherheit. Daten werden eventuell zentral in einem Land gehalten. Hierzu müssen Datenschutzbestimmungen erfüllt werden. Sicherheit bei der Datenübertragung (Verschlüsselungstechniken, SSL) wie beim Datenzugriff müssen zur Verfügung gestellt werden.

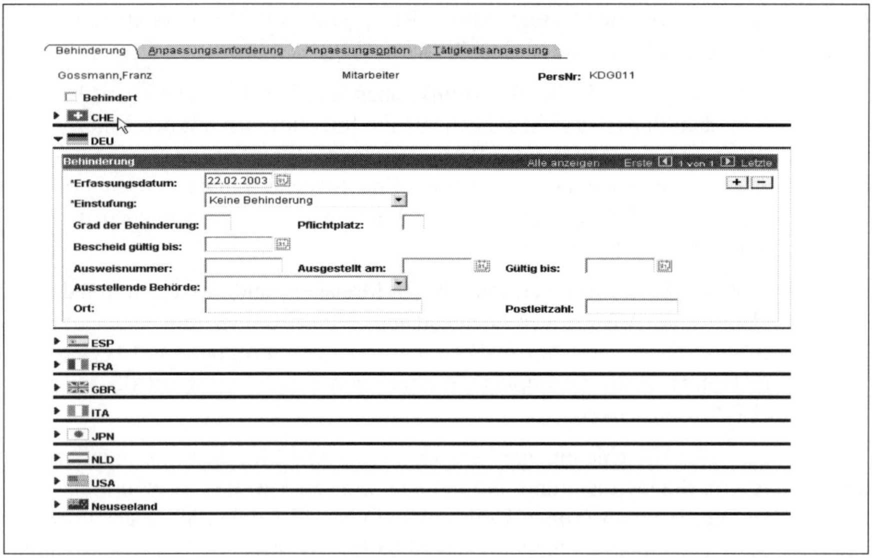

Abbildung 7: Globale und lokale Funktionalität

Die PeopleSoft Technologie unterstützt eine Vielzahl von Ebenen: Datenbanksicherheit, Anwendersicherheit und Objektsicherheit. Die Implementierung von PeopleSoft kann zentral, dezentral oder nach einem Data-Warehouse-Ansatz erfolgen. Weiterhin kann Datensicherheit auf Geschäftsprozessebene sichergestellt werden.

Softwareentwicklung – Diese Ländererweiterungen stellen ebenfalls hohe Anforderungen an den Softwareentwicklungsprozess und die organisatorische Gestaltung des Prozesses. Um die lokalen Anforderungen in einem globalen System abzubilden bedarf es eines dezentral aufgestellten Entwicklungs- und Strategieteams, das in den jeweiligen Ländern neue Anforderungen aufnimmt und im Produkt umsetzt. So stellt beispielsweise der Bereich Personalabrechnung besonders hohe Anforderungen an die Ländererweiterungen im Bereich Entwicklung, Weiterentwicklung und Wartung. Ebenso wichtig ist die zeitnahe Übersetzung der aktuellen Versionen und Dokumentationen durch die jeweiligen Übersetzungsteams.

Praxisbeispiel – Globale Geschäftsprozesse und Ländererweiterung

Hewlett-Packard's Perspektive auf globale Anwendungsimplementierung, Mitarbeiter Self-Service und der Merger von HR und Finanzanalysen[1]: „The HR function has

---

[1] RODGERS, K./HOWLETT, D.: Human Capital Management, A Pragmatic Approach to Delivering Strategic Value, 2002.

gone through a revolution," sagt Steve Rice, Director HR Global Enterprise Programs und Technology von Hewlett-Packard.

Vor drei Jahren begann HP die Web-Funktionen des HR Bereichs signifikant zu erhöhen, bis zu dem Punkt, dass heute nahezu alle Interaktionen mit den Mitarbeitern durch das Web und das Mitarbeiter-Portal erfolgen. Zur gleichen Zeit wurde die Komplexität der weltweit eingesetzten Back-End Systeme reduziert. Seit Frühjahr 2002 werden mit PeopleSoft 8 über 90.000 Mitarbeiter in acht Sprachen und 120 Ländern zentral über ein System bedient.

„Die globale PeopleSoft Lösung ermöglicht HP Managern und Mitarbeitern jederzeit eine sekundengenaue Ansicht der Gehaltsdaten, Versetzungen und vieler anderer Daten", sagt Steve Rice, Director of HR Global Enterprise Programs and Technology bei HP. „HP konnte durch die Implementierung von PeopleSoft 8 HRMS seine IT-Kosten um 15 Prozent senken."

Dieser Prozess gibt HR eine einzige Perspektive auf alle Mitarbeiter, ermöglicht die Realisierung von Standardisierung, um globale „End-to-End Prozesse" umsetzen zu können. Trotz der regional großen Unterschiede von HP werden 80 % der Prozesse durch die neue Anwendung standardisiert ablaufen. Weitere 15 % der Aktivitäten werden darauf verwendet, lokale Anforderungen zu unterstützen und 5 % darauf die gesetzlichen Anforderungen der einzelnen Länder zu erfüllen.

Fazit – Länderfunktionalität

Die Berücksichtigung von gesetzlichen Anforderungen, Datenschutzbestimmungen und die Unterstützung von mehreren Sprachen kennzeichnen die Anforderungen an die Länderfunktionalität.

Lösungsansätze Spannungsfeld „Globale und lokale Anforderungen"

Die PeopleSoft HCM Anwendungen ermöglichen internationalen Unternehmen, eine klare Sicht auf die Daten des Unternehmens und gleichzeitig die Anforderungen der einzelnen Länder gleichwertig zu berücksichtigen.

Die drei beschriebenen Bereiche Technologie, Globale Geschäftsprozesse und Ländererweiterungen stellen die grundlegende Architektur dar, um dieses Spannungsfeld im Sinne von Synergien effektiv zu beheben. Eine Schlüsselrolle haben aber die Beteiligten an den Prozessen, die Mitarbeiter und Führungskräfte eines Unternehmens. Diese Zusammenarbeit gilt es besonders in internationalen Unternehmen zu realisieren.

Die Basis für Collaboration im Unternehmen ist das Internet, es ermöglicht eine prozessübergreifende Integration. Erst die Technologien wie HTML und XML erlauben eine flexible und nahtlose Integration von Mitarbeitern, Partnern, Kunden und Lieferanten in die Geschäftsprozesse ihres Unternehmens, so z.B. in das Human Capital Management. Dezentrales Personalmanagement wird durch das Internet erst möglich: „Zugriff immer und überall, wo man mit einem Browser auf das System zugreifen kann."

Collaboratives Unternehmen bedeutet mehr als nur die Selbstverwaltung von personenbezogenen Daten sowie das eigenständige Abrufen von Informationen aus dem Intranet durch Self Service-Anwendungen für Manager, Mitarbeiter und externe Stellen. Anwendungen im Bereich Self Service, die sich allein mit diesen Themen befassen, greifen zu kurz.

PeopleSoft bietet mit Collaborative Applications eine prozessübergreifende Integration zwischen allen entlang der Wertschöpfungskette eingesetzten Unternehmensanwendungen in Echtzeit. Zentraler Einstiegspunkt ist das PeopleSoft Enterprise Portal. Dies bündelt alle unternehmens- und aufgabenrelevanten Informationen, mit Single Sign On haben z.B. die Mitarbeiter einen personalisierten und rollenbasierenden Zugriff auf alle aufgabenrelevanten Informationen und Wissensquellen. Es können gezielt Inhalte aus mehreren Quellen, z.B. Nachrichten, Prozesse und Anwendungen für die Kommunikations-, Administrations-, Management- sowie Lernfunktionen, zusammengeführt werden. Die komplette Nutzung der Anwendungen erfolgt dabei unter Gewährleistung von höchsten Sicherheitsstandards über das Internet bzw. Intranet.

Portale sind eines der wesentlichsten Elemente im internationalen Einsatz. Sie verwenden gegenüber klassischen Client-Server-Anwendungen einen völlig anderen Ansatz, Daten zur Verfügung zu stellen. Portaltechnologie liefert einheitliche Dienste, wie klare Navigation, Suchmöglichkeiten, Content Management und Personalisierung. Das Portal liefert den Content von einer breit gestreuten Basis bis zum Enduser und diese Inhalte sind meistens unstrukturierte Daten. Die Internet-Anwendungen, die über ein Portal arbeiten, unterstützen sowohl strukturierte und unstrukturierte Daten, die auch außerhalb der Datenbank liegen können, durch die Verwendung der bekannten Technologien wie HTML, HTTP und XML. Das hat zur Folge, dass Internetanwendungen wesentlich reichhaltigere Inhalte an die Enduser liefern können als Client-Server-Anwendungen.

Fazit

Schlüsseltechnologie Internet

Die einem modernen Personalinformationssystem zugrunde liegende Technologie ist der Schlüssel zur Realisierung globaler Geschäftsprozesse. Erst durch diese Technologie wird es möglich, alle Prozessbeteiligten weltweit in Prozesse einzubeziehen und Informationen zur Verfügung zu stellen. Eine reine Internet Architektur ist deshalb der Schlüssel zum Erfolg.

Spannungsfeld „Globale und lokale Anforderungen an Geschäftsprozesse"

Eine auf globale Geschäftsprozesse aufbauende Architektur ist in der Lage, dieses Spannungsfeld aufzuheben. Diese Architektur berücksichtigt landesspezifische und globale Anforderungen in einem einheitlichen System. Neben der Erfüllung von gesetzlichen Anforderungen, Sprachunterstützung und Erfüllung von Datenschutzbestimmungen trägt diese Architektur auch den Anforderungen globaler Geschäftsprozesse Rechnung:

- Informationen sofort konsolidiert zur Verfügung stellen,
- Standardisierte Geschäftsprozesse weltweit (Personalbeschaffung, Personalentwicklung und Personalvergütung),
- Prozesszeiten verkürzen und damit die Wertschöpfung erhöhen und
- Einheitliche Begriffsdefinition für Reporting-Anforderungen umsetzen.

Prozesse – Collaboration

Die Technologie Internet und die globalen und lokalen Geschäftsprozesse stellen den Rahmen für die Einbeziehung aller Prozessbeteiligten zur Verfügung. Speziell auf Mitarbeiter und Führungskräfte zugeschnittene Anwendungen ermöglichen den Beteiligten, einfach auf Prozesse und Informationen zuzugreifen.

Real Time Enterprise

Durch die Aufhebung des Spannungsfeldes „Globale und lokale Anforderungen an Geschäftsprozesse" wird das Real-Time Enterprise gerade auch im personalwirtschaftlichen Bereich Realität.

Anhang: Das Unternehmen PeopleSoft

Das Unternehmen PeopleSoft PeopleSoft (NASDAQ: PSFT) ist weltweit führender Anbieter von Anwendungssoftware für Unternehmen, die in Echtzeit arbeiten. Die rein internetbasierte Software von PeopleSoft ermöglicht Kunden, Lieferanten, Partnern und Mitarbeitern online und in Echtzeit Zugriff auf Geschäftsprozesse. Zu den erstklassigen integrierten Anwendungen von PeopleSoft zählen Personalmanagementsysteme (Human Capital Management), Customer Relationship Management, Supply Chain Management und Finanzmanagementsysteme. Mehr als 4.700 Unternehmen in 140 Ländern arbeiten mit den Produkten von PeopleSoft. Das Unternehmen wurde 1987 gegründet und erzielte im Geschäftsjahr 2001 einen Umsatz von 2,07 Milliarden US-Dollar. Firmensitz ist Pleasanton/Kalifornien. Die deutsche Hauptniederlassung befindet sich in München. Weitere Informationen zu PeopleSoft und seinen Produkten finden sich im Internet unter www.peoplesoft.com und www.peoplesoft.de, oder im Booklet unter www.storymaker.de/pdf/ peoplesoftbooklet.doc.

Web-basiertes (Personal-)Controlling mit Projektportal

Matthias H. Hartmann

1 Das Web als Chance und Risiko für das Controlling

Das Web stellt eine große Herausforderung für das Controlling dar. Zum einen entstehen durch E-Business neue Produkte und Märkte im Web, Geschäftsprozesse werden neu geordnet und die Planungs- und Kontrollinformationen für das Management ändern sich. Das Controlling ist aufgefordert, Transparenz auch für diese Kategorien zu erzeugen und das Unternehmen möglichst sogar koordinierend in diesen Kategorien zu unterstützen. Das Controlling soll das Web im Griff haben. Das Web ist in diesem Fall Objekt des Controlling.

Zum anderen ist mit dem Web ein Instrument entstanden, das dem Controlling zu Transparenz in einem Unternehmen und insbesondere in einem Wertschöpfungsnetzwerk verhelfen kann. Der Web-Browser wird zum Controlling-Fenster. Das Web ist in diesem Fall Instrument des Controlling. Controlling basiert auf dem Web, und wir sprechen von Web-based Controlling.

Web-based Controlling für das Innovationsmanagement nutzt das Web, um Innovationsprozesse effizienter steuern zu können. Das Controlling hat hier ein hohes Chancen- aber auch ein hohes Risikopotenzial. Innovationsprozesse zeichnen sich traditionell durch eine hohe Resistenz gegen betriebswirtschaftliche Effizienzbemühungen aus. Der Controller wird als Erbsenzähler tituliert, der Forschungs- und Entwicklungsbemühungen durch kleinliches Nachrechnen von Dingen, die er sowieso nicht versteht, behindert. Die Selbstfindungsbemühungen der Controller erreichen gerade bei Innovationsprozessen ihren Höhepunkt.

Die große Chance des Webs für das Controlling liegt in der Kommunikation von Informationen. Dabei ist wichtig: Controlling kommuniziert nicht nur, um Zielvorgaben weiterzuleiten oder Berichte zu generieren, sondern ermöglicht Kommunikation relevanter Informationen auf einer Controlling-Plattform. Damit wird das Controlling aktiver und bietet Dienstleistungen rund um die Informationswirtschaft an. Wird ein solches Controlling-Portal genutzt, entstehen viele Informationen als Nebenprodukte, die sich das Controlling bislang unter Androhung von Sanktionen beschaffen muss. Wird ein solches Controlling-Portal nicht genutzt, sind die Informationen des Controlling nicht interessant für die Mitarbeiter und Partner des Unternehmens. Dann ist es wie im E-Business: Ein Portal, das keine Kunden hat, ist obsolet. Bislang ist das scheinbar kein Problem, wenn Controlling-Abteilungen selbst selten transparent sind, obwohl sie Transparenz fordern. Das ändert sich mit den Möglichkeiten des Webs.

Das große Risiko des Webs für das Controlling liegt in der verbesserten Kommunikation der Mitarbeiter und Partner des Unternehmens untereinander. Insbesondere bei geographisch verteilten Unternehmensstandorten und vielen Partnerunternehmen erhalten die direkt an der Wertschöpfung beteiligten Personen über den Web-Browser unmittelbar Zugriff auf Informationen. Die Funktion eines Controlling als Clearing-Stelle für Informationen wird weniger wichtig. Hinzu kommt, dass moderne Softwarepakete über Standardanwendungen verfügen, in denen das Methodenwissen einer Controlling-Abteilung in vielerlei Hinsicht bereits integriert ist. Methodenwissen wird zum Allgemeinwissen.

Gerade im Innovationsmanagement ist der Kommunikationsbedarf besonders hoch und das Unterstützungsangebot durch das Controlling besonders niedrig. Dieser Umstand potenziert sich, je größer das Wertschöpfungsnetzwerk ist, in dem ein Unternehmen eingebunden ist. Web-based Controlling kann helfen, einerseits relevante Informationen über Innovationsprozesse aktueller und direkter zu erhalten, andererseits selbst zur Wertschöpfung im Innovationsprozess beizutragen (HARTMANN 2000, S. 89-99).

2 Controlling-Objekte

Web-based Controlling hat grundsätzlich drei Möglichkeiten, ein Innovationsmanagement zu unterstützen: (1) Controlling-Unterstützung des Management, (2) Controlling des Marktes und Wettbewerbs und (3) Controlling von Geschäftsprozessen.

2.1 Controlling-Unterstützung des Management

Eine wesentliche Option ist, weltweit up-to-date Informationen zu konsolidieren und systemunabhängig zu kommunizieren. Dies gilt ebenso für große als auch für mittlere und kleinere Unternehmen. Große Unternehmen erhalten die Möglichkeit, jene Standorte in das Informationsnetzwerk einzubinden, zu denen bislang keine permanente Verbindung zum Beispiel über Standleitungen aufgebaut wurde. Insbesondere mittlere und kleinere Unternehmen können sich nunmehr auch in die Informationsnetzwerke einklinken und Statusberichte zur Verfügung stellen. Dies ist insbesondere für ein Innovationsmanagement notwendig, bei dem bislang die Kommunikation beim Entwicklungspartner der ersten oder zweiten Ebene endete. Es sind aber gerade auch die kleinen Unternehmen, die bei einer Neu- oder Weiterentwicklung entscheidend den kritischen Pfad mitbestimmen. Ein kaskadenförmiges Weitergeben von Informationen – sei es up-stream oder down-stream – kostet Zeit und mindert die Qualität.

Die Integration aller Unternehmen im Web, unabhängig von deren Größe, sichert Kommunikationstransparenz auf einer einheitlichen Plattform. Im Gegensatz zum Web-Browser verfügt ein E-mail-System nicht über die gleiche Wirkungsweise. E-mails sind weiterverschickbar und deshalb ein Risikopotential, wenn es um die Kommunikation sensibler Daten geht. Über eine Web-page kann durchaus Information zur Verfügung gestellt werden, die nur ein selektiver Kreis von Mitarbeitern erhalten soll. Darüber hinaus können die Parameter so eingestellt werden, dass die Information nicht gedruckt werden kann. Insbesondere für das Beteiligungsmanagement zeichnen sich wesentliche Verbesserungspotenziale ab.

2.2 Controlling des Marktes und Wettbewerbs

Relativ trivial klingt die Erkenntnis, dass Web-based Controlling nun ein Fenster zur virtuellen Welt hat. Weniger trivial ist diese Erkenntnis, wenn man einmal die Kosten des strategischen Controlling bzw. Marketing summiert, die für Studien der Research-Unternehmen ausgegeben werden. Es ist erstaunlich, wie viele Informationen gerade junge Controller aus dem Web holen, nur weil sie mit diesem Instrument umgehen können. Es ist aber nicht nur die Kostenersparnis, sondern auch die Qualität der Information. Wie im Lagerbestandsmanagement haben Research-Unternehmen viel auf Lager, jedoch gerade nicht das, was in der spezifischen Situation notwendig wäre. Betrachtet man eine konventionelle Controlling-Abteilung, ist es interessant zu sehen, wie die Bemühungen zur Informationsbeschaffung an den Grenzen des Unternehmens enden. Hier existieren Qualitätspotenziale für Informationen mit Frühwarnfunktion.

2.3 Controlling von Geschäftsprozessen

Im Geschäftsprozess-Management liegen enorme Potenziale. Während bislang die dezentralen Werke oder Geschäftseinheiten durch Androhung von Sanktionen zur Abgabe von Informationen gezwungen werden, kann durch ein Web-based Controlling die Information unmittelbar auf der Ebene der Wertschöpfung abgegriffen werden. Die Konsolidierung von Informationen, die Filterung durch Mitarbeiter, der Zeitverzug und letztlich die Notwendigkeit, Controlling im übertragenen Sinne mit einer REFA-Stopuhr aus vergangenen Zeiten betreiben zu müssen, ist in der Zeit des Web-Browsers nicht mehr opportun.

Das automatische Mitzählen von Ereignissen und die Aggregation von Informationen kann durch Web-based Tools sehr einfach funktionieren. Messungen der Eckdaten von Geschäftsprozessen werden unmittelbar an bestehenden Informationssystemen vorgenommen.

Wie kann so etwas funktionieren? In alter Tradition verfügen alle Wertschöpfungspartner bislang über eigene Informationssysteme. Die Grenzen dieses Besitzverhaltens zeigen sich zum Beispiel, wenn Entwicklungspartner im gleichen CAD-Programm arbeiten müssen. Während die Großunternehmen und sicher auch die Entwicklungspartner der ersten und zweiten Stufe noch über dieselben Systeme verfügen, können sich kleinere Unternehmen diese CAD-Systeme nicht leisten. Es kommt mindestens zu einem Dokumentenbruch. Im extremen Fall können Zeichnungsinformationen im Entwickungsnetzwerk nicht ausgetauscht werden. Mittlerweile arbeiten die meisten CAD-Anbieter an Web-basierten Lösungen, um allen Partnern zumindest abgespeckte Lösungen über das Web zur Verfügung stellen zu können. Noch einen Schritt weiter gehen Unternehmen, die Anwendungen über ASP (Application Service Providing) im Web zur Verfügung stellen. In diesem Fall werden nicht nur die Kosten nutzungsabhängig in Rechnung gestellt, sondern alle Unternehmen können auf die gleiche Anwendung zugreifen. Argumente, solche Entwicklungssysteme unbedingt im eigenen Hause haben zu müssen, haben vielfach emotionale Gründe. Selbst im sogenannten eigenen Haus sind heutzutage viele der Anwendungen und Datenbanken physisch nicht mehr im eigenen Haus. Das ist nur vielen Mitarbeitern aus den Fachabteilungen nicht klar.

Ein weiteres Beispiel ist der Informationsaustausch zwischen Unternehmen. EDI (Electronic Data Interchange) hat lange Zeit den Standard in vielen Industrien vorgegeben. Die Entwicklung geht nunmehr dahin, ein sogenanntes Web-EDI zu schaffen, in dem man die Standards übernimmt, jedoch über Web zur Verfügung stellt. Die Exklusivität über Stand- oder 1:1-Telefonverbindungen wird ersetzt durch eine allgemeine Verfügbarkeit (ALT/SCHMID 2000, S. 75-99).

Controller mögen sich nun darüber wundern, warum hier über technische Dinge gesprochen wird. Wie bereits eingangs erwähnt, schafft die Web-Technologie Plattformen, auf denen alle Informationen zur Verfügung stehen. Wozu ist dann noch ein Controlling als Clearing-Stelle notwendig? Andererseits ist hier die große Chance, sich in die Web-basierten Wertschöpfungsprozesse selbst einzuklinken und die relevanten Informationen quasi im Vorbeigehen mitzunehmen. Positiv gesprochen, muss ein Controlling seine Anstrengungen nicht mehr auf die Informationsbeschaffung ausrichten, sondern kann sich auf die Informationsauswertung konzentrieren (SCHEER/BREITLING 2000, S. 397-402).

3 Potenziale in den Controlling-Phasen

Controlling im Innovationsmanagement ist meines Erachtens in drei Phasen einteilbar, von denen die zweite Phase in ihrer Bedeutung für die Erlös- und Kostensituation leider oftmals unterschätzt wird. Die erste Phase ist die klassische Phase der Forschung und Produktentwicklung. Die zweite Phase ist der Serienanlauf, und die dritte Phase ist die Weiterentwicklung eines bereits auf dem Markt befindlichen Produktes.

3.1 Abkehr vom (System-)Führerprinzip?

Die erste Phase der Produktentwicklung beginnt mit der Formulierung der Produktstrategie, der Kalkulation der Zielkosten sowie einer lebenszyklusorientierten Projektergebnisrechnung. Mit Start des konkreten Entwicklungsprojektes und der Formulierung von Lasten- und Pflichtenheft ist der Projektaufwand zu verfolgen. Ab der System- und Prototypenfreigabe wird entwicklungsbegleitend kalkuliert. Wenngleich der Controller in diesen Phasen von den Technikern ungern gesehen wird, existieren eine Reihe von quantitativen Methoden, um Kosten zu identifizieren und zu kalkulieren. Kombinierte qualitativ-quantitative Methoden zur Einschätzung der Zukunftspotenziale in der Forschungs- und Entwicklungsphase existieren zwar auch, werden jedoch noch zu wenig angewandt. Hier handelt es sich zum Beispiel um Controllingwerkzeuge wie das Technologieportfolio, die Technologiebilanz oder die Technologiekostenanalyse (HARTMANN 1998, S. 1009-1027). Ein großes Effizienzpotenzial für das Projekt-Controlling im Innovationsmanagement ergibt sich jedoch aus der verbesserten Kommunikation zwischen den Forschungs- und Entwicklungs- (FuE-) Abteilungen innerhalb eines Unternehmens und zwischen den Unternehmen eines Wertschöpfungsnetzwerks mit Hilfe von Web-based Tools.

Die momentane Situation sieht einen Entwicklungsführer, zum Beispiel einen großen Automobilhersteller, der mit Entwicklungspartnern zusammenarbeitet. Mit der Lean Management Euphorie strukturierte die Industrie die Partner hierarchisch in einer Pyramide. Die Komponentenzulieferer eines Herstellers bekamen den Status eines Systemlieferanten. Das hatte positiv zur Folge, dass die Verantwortlichkeiten klar eingeteilt sind. Das hat aber negativ zur Folge, dass Zulieferer der dritten, vierten und fünften Wertschöpfungsstufe ihre Kompetenz nur marginal einbringen können und dies eigentlich von den autoritär veranlagten Systemlieferanten auch gar nicht gewünscht ist.

Meines Erachtens bleibt das Prinzip der Systemführerschaft weiterhin erhalten, muss jedoch deutlich differenzierter gehandhabt werden. Mit dem Web ist dies möglich.

3.2 Beispiel Bemusterungsprozess

Betrachten wir den traditionellen Bemusterungsprozess eines Teils, dann geht vom Endhersteller eine Anfrage an einen Lieferanten, der ein solches Teil als Prototyp zusammen mit Papierunterlagen liefert. Im Hause des Nachfragers werden nun Kopien erstellt und an verschiedene Abteilungen verteilt. Dort beginnt eine Begutachtung, wobei nicht immer klar ist, warum man dieses Teil begutachten soll und was die Bewertungskriterien sind. Nach einiger Zeit werden die Gutachter des Hauses zu einer Sitzung zusammengerufen, die nach mehrstündiger Koordinationsarbeit der Sekretariate dann Tage oder Wochen später stattfindet. Dort stellt sich heraus, dass die Bewertungsperspektiven der Abteilungen (ein schönes deutsches

Wort: ab-teilen) unterschiedlich waren, und man die Sitzung nutzen muss, um ein einheitliches Bewertungsraster zu entwerfen. Dieser Prozess wiederholt sich bis ein Ergebnisprotokoll formuliert wird, das dem Zulieferer zugestellt wird. Dieser hat seit Wochen keine Informationen mehr von seinem Kunden bekommen und ist von der Antwort und meist auch des Inhalts hinreichend überrascht. Dort wird dringend (da man im Zeitverzug ist) gebeten, einige Parameter nachzubessern. Da dies allerdings in der Verantwortung des Zulieferers des Zulieferers ist – man arbeitet schließlich nach dem Prinzip der Systemführerschaft – beginnt ein kaskadenförmiger Abstimmungsprozess zwischen dem Zulieferer des Herstellers und dem Zuliefererzulieferer (vgl. Abbildung 1). Man kann sich jetzt beliebig ausmalen, wie viel Kommunikationsschleifen erfolgen müssen, um ein komplexes Aggregat innerhalb eines Entwicklungsnetzwerkes abzustimmen und prototypenreif herzustellen.

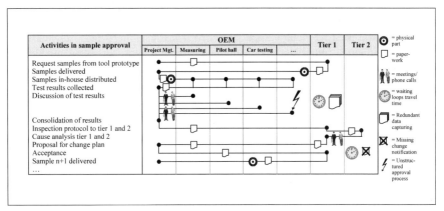

Abbildung 1: Konventioneller Bemusterungsprozess

3.3 Beispiel Serienanlauf

Die zweite von drei Phasen eines Controlling im Innovationsmanagement ist der Serienanlauf. Hier wird in der Industrie aufgrund eines ungerichteten Kommunikationschaos immens viel Geld vernichtet. Während in der Phase der Produktentwicklung die Controlling-Methoden noch klar strukturiert sind, herrscht beim Serienanlauf das Prinzip Hoffnung. Die Stimmung in den Werken ist äußerst gereizt, die Telefonleitungen glühen, und es geschehen Dinge in und zwischen den Unternehmen, die jeden Regisseur eines Actionfilms vor Neid erblassen lassen. Ruhm und Untergang eines Produktmanagers und Produktionsmanagers hängen vielfach weniger von der Entwicklung selber als vom Serienanlauf ab. Der Grund ist sehr einfach: Ein verpatzter Serienanlauf kostet sehr viel Zeit und damit Geld, das unwiederbringlich verloren ist. In neuer Zeit stürzen gleichzeitig noch die Aktienkurse, da ein verspäteter Markteintritt sogar den Analysten die Schwierigkeiten eines Unternehmens vor Augen führt.

In der dritten von drei Phasen erfolgt die Weiterentwicklung des bereits in der Produktion befindlichen Produktes. Hier liegen ähnliche Potenziale wie in der ersten Phase, natürlich nur in verringertem Maße. (Zu einer Zusammenfassung der Potenziale im Innovationsmanagement vgl. Abbildung 2)

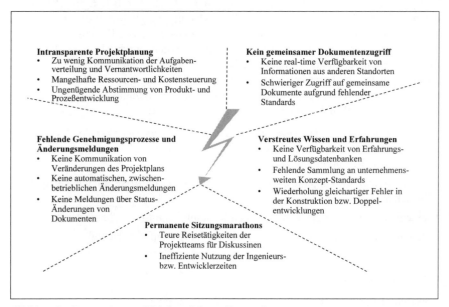

Abbildung 2: Potenziale eines Web-based Controlling im Innovationsmanagement

4 Komponenten eines Web-based Controlling

Die genannten Potenziale eines Innovationsmanagement können durch die Implementierung eines Web-based Controlling mit seinen drei Komponenten gehoben werden: (1) Virtueller Projektraum, (2) Controlling-Funktionalität, (3) Web-Technologien.

4.1 Virtueller Projektraum

Die Orientierung des Management an einem hierarchisch ausgerichteten (System-)Führerprinzip verhindert Innovationen eher anstatt sie zu fördern. Organisatorisch mag Transparenz erzeugt werden, das in Entwicklungsnetzwerken vorhandene Know-how wird jedoch nicht hinreichend genutzt. Und letztlich kostet eine hierarchische Organisation, die auf eine kaskadenförmige Auftragsabarbeitung ausgerichtet ist, sehr viel Zeit.

Web-based Controlling ermöglicht eine Integration aller Know-how-Träger, unabhängig von Unternehmens- und Zeitgrenzen. Der oben beschriebene Koordinationsaufwand während eines Bemusterungsprozesses kann sich auf einen Tag reduzieren. Ziel ist eine Diskussion des zu bemusternden Teils mit allen beteiligten Parteien in einem virtuellen Projektraum in einem Web-Meeting, möglichst unter Zuhilfenahme von Videokonferenztechnik über den Arbeitsplatzrechner. Die Kosten eines mit der notwendigen Software ausgestatten Computers werden durch die zusätzlich nutzbaren Ingenieurzeiten aufgrund weggefallener Reisezeiten und durch die eingesparten Reisekosten in kürzester Zeit amortisiert. Viel wichtiger ist der Zeit- und Qualitätsgewinn durch die zügige Abstimmung auf einer Kommunikationsplattform. Ein solcher virtueller Projektraum sollte ausgestattet sein mit:

- der Möglichkeit, CAD 3D-Ansichten zu zeigen. Web-basierte CAD-Systeme ermöglichen mittlerweile auch kleineren Zulieferer, im gleichen System wie der Endhersteller zu arbeiten,

- der Fähigkeit, Dokumente ein- und auszuchecken und diese mit Zeitstempeln zu versehen,

- einem Angebot an themenspezifischen Kommunikations-/Diskussionsbrettern und

- einem Unified Messaging System inklusive Videokonferenztechnik.

4.2 Controlling-Funktionalität

Controlling kann durch die Nutzung des Webs zu einer aktiven Kommunikationsplattform für alle Partner werden. Bestimmte Controlling-Funktionalitäten sind dabei auf dem Web darzustellen (vgl. Abbildung 3):

- Funktion Projektsteuerung mit Planung und Steuerung der Projekte, Projektfortschrittskontrolle, Kosten-Controlling, Prüfung von Unregelmäßigkeiten, automatische Eskalationsroutinen, Veränderungsmeldungen, visualisierte Leistungsindikatoren und Projekt-Cockpits.

- Funktion Erfahrungs-Datenbank mit automatisierter Sammlung und Verteilung von Wissen an alle Partner, Konfiguration von Hyperlinks für Probleme und Lösungen, relativ automatische Konsolidierung und Klassifizierung von Informationen und erfahrungsgestützter Entscheidungsfähigkeit.

- Funktion Dokumenten-Management mit Zugriff auf standardisierte und gleichzeitig anwenderspezifische Dokumentenformate, Verfügbarkeit der jeweils wirklich letzten Version (jederzeit und an jedem Ort), automatische Verteilung von Änderungsmeldungen an vordefinierte Partner, verbesserte Wiederverwendung von Informationen, verbessere Zugriffskontrolle und Schutz von geistigem Eigentum.

Projekt-Steuerung	Erfahrungs-Datenbank	Dokumenten-Management

• Planung und Steuerung der Projekte
• Projektfortschrittskontrolle
• Kosten-Controlling
• Prüfung von Unregelmäßigkeiten
• Automatische Eskalations-Routinen
• Veränderungsmeldungen
• Visualisierte Leistungs-Indikatoren
• Projekt-Cockpits
• ...
	• Verbesserung erfahrungsgestützter Entscheidungsfähigkeit
	• Automatisierte Sammlung und Verteilung neuen Wissens an alle Partner
	• Konfiguration von Hyperlinks für Probleme und Lösungen
	• Relativ automatische Konsolidierung und Klassifizierung von Informationen
	• ...
		• Zugriff auf standardisierte und gleichzeitig anwenderspezifische Dokumentenformate
		• Verfügbarkeit der jeweils wirklich letzten Version
		  - jederzeit
		  - an jedem Ort
		• Automatische Verteilung von Änderungsmeldungen an vordefinierte Partner
		• Verbesserte Wiederverwendung von Informationen
		• Verbesserte Zugriffskontrolle
		• Schutz von geistigem Eigentum
		• ...

Abbildung 3: Controlling-Funktionalität

4.3 Web-Technologien

Die Frage, warum Web-based Controlling nicht früher eingesetzt wurde, ist einfach zu beantworten: Die Technologie stand der Old Economy lange Zeit nicht zur Verfügung. In der Softwareindustrie sind diese Technologien seit längerem bekannt und werden dort auch eingesetzt:

- Internet-Technologien mit dem Web-Browser als Single Point of Entry, Virtual Web-Meetings, Project Workspaces, Web Security und Single Sign on.
- Workflow-Netzwerke mit Data und Information Exchange, Instant Messaging, Process Automation und Workflow sowie Standard Mail Functionality.
- Administrations- und Dispositionssysteme mit Product Data Management, CAD/CAE, Data Format Conversions, Configuration Management und ERP Integration.

5 Voraussetzungen einer Implementierung

Erstes Ziel eines Web-based Controlling kann der Aufbau eines Controlling-Portals sein, für dessen Implementierung hier einige Prinzipien genannt seien (HARTMANN/MÜLLER/BUCHTA 2001, S. 24-31):

- eine enge Zusammenarbeit des Controlling mit der Datenverarbeitung (insbesondere für MIS, OLAP usw.),
- Integration der Partner aller Wertschöpfungsstufen,
- Kooperation mit Research-Instituten,
- Konzentration auf einfache Web-Lösungen (keine Informations-Überfrachtung und keine teuren Lösungen) sowie
- Kooperation mit Partnern auf verschiedenen Ebenen (vgl. Abbildung 4) und insbesondere mit Partnern für Collaboration Software.

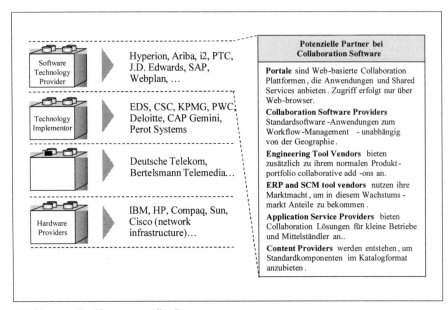

Abbildung 4: Checkliste potenzieller Partner

Das Management ist herausgefordert,

- Controlling-Kernprozesse eindeutig dem Controlling-Fachbereich, der Datenverarbeitung oder der strategischen Planung zuzuordnen (Hier kommt es oft zu Kompetenzgerangel),
- Sensibilität für E-Business-Entwicklungen zu entwickeln und
- mit Unternehmenspartnern über Controlling-Ergebnisse zu diskutieren.

Anforderungen an einen Web-based Controller sind:

- Wille zur Arbeit mit den Web-based Instrumenten (Es soll Controller geben, die immer noch lieber mit Papier als mit Excel oder ähnlichen Anwendungen arbeiten),
- Interesse an den Web-Technologien sowie
- kommunikative Fähigkeiten innerhalb des Unternehmens und außerhalb zu den Partnern.

Die letztgenannte Fähigkeit zur Kommunikation ist der Kern eines Web-based Controlling. Hier liegen auch die Herausforderungen an viele konventionell eingestellte Controller, die sich bislang Kennzahlen und Berichte liefern lassen, um diese dann weiterzuverarbeiten. In Zukunft wird der Controller weitaus stärker in den Entstehungsprozess von Informationen einbezogen werden. Die einzige Möglichkeit, in diesem Sinne rechtzeitig auf Richtigkeit und Relevanz der Informationen zu achten, ist pro-aktiv auf einer web-basierten Controlling-Plattform zu kommunizieren.

Literatur

ALT, R./SCHMID, B.: Logistik und Electronic Commerce – Perspektiven durch zwei sich wechselseitig ergänzende Konzepte, in: ZfB 1/2000.

HARTMANN, M.H.: Qualitätscontrolling in der Forschung und Entwicklung, in: krp-Sonderheft 1/2000.

HARTMANN, M.H.: Theorie und Praxis technologischer Unternehmensbeurteilung, in: ZfB 9/1998.

HARTMANN, M.H./MÜLLER, H.-J./BUCHTA, D.: ERP-Collaboration mit Marktplätzen durch EAI, in: Information Management 1/2001.

SCHEER, A.-W./BREITLING, M.: Geschäftsprozesscontrolling im Zeitalter des E-Business, in: Controlling Heft 8/9 2000.

Aufbau eines komplett Web-gestützten Personalmanagements für den gesamten Personallebenszyklus bei der Cisco Systems

Sabine Keuschen/Niels Klussmann

Die Ausgangslage

Cisco Systems als global wachsendes Unternehmen

Cisco Systems ist ein 1984 in Kalifornien gegründeter und mittlerweile global tätiger Hersteller von Hochtechnologieprodukten, die zum Aufbau von lokalen und globalen Netzstrukturen für Telekommunikation aller Art verwendet werden. Nach dem Börsengang 1990 expandierte das Unternehmen rasch. 1995 wurde die Grenze von 1 Mrd. $ Umsatz erreicht. Es trat in verschiedene Auslandsmärkte ein, so z.b. 1993 in den deutschen Markt und wuchs bis zum Ausbruch der globalen IT-Krise im Herbst 2000 auf 44.000 Mitarbeiter. Heute hat das Unternehmen ca. 36.500 Mitarbeiter und ist in mehreren Marktsegmenten globaler Marktführer. Jährlich wird ein Umsatz von rund 19 Mrd. $ erreicht.

Seit 1991 expandierte das Unternehmen auch durch den Zukauf von rund 75 anderen Unternehmen aus verschiedenen Ländern, die eine Größe von einigen Dutzend Mitarbeitern bis hin zu einigen tausend Mitarbeitern hatten. Zusammen mit dem Wachstum auch von Neueinstellungen führte dies dazu, dass gut 50% der Mitarbeiter heute vier Jahre oder weniger in dem Unternehmen sind.

Die Situation, vor der das gesamte Management ab den frühen 90er Jahren stand, lässt sich unter der Frage nach der Skalierbarkeit zusammenfassen. Es gab den Bedarf, alle Geschäftsprozesse derart zu definieren und mit technischen Systemen zu implementieren, dass das gesamte Unternehmen gleich bezüglich mehrerer Dimension skalierbar blieb:

- Der Markteintritt erfolgte in neue geografische Märkte.
- In neuen und bestehenden geografischen Märkten wurden neue Niederlassungen eröffnet, um noch näher an den Kunden zu sein.
- Durch die Unternehmensakquisitionen erweiterte sich das Produktportfolio beständig.
- Durch die Unternehmensakquisitionen kamen neue Mitarbeiter in das Unternehmen.

- Der Markt für Netzwerktechnologie wuchs und auch ohne Akquisitionen wurden neue Mitarbeiter eingestellt, in Hochzeiten bis zu 1.000 neue Mitarbeiter pro Monat.

Diese Entwicklungen fanden zu einer Zeit statt, als externe Umgebungsfaktoren einen erheblichen Druck auf Cisco ausübten:

- Der Börsenboom führte zu einer entsprechenden Erwartungshaltung der Shareholder, was Wachstum und Kostenkontrolle anging.

- Der technische Fortschritt im Umfeld des Internets, der IT und der Telekommunikation führte zu einem enormen Innovationstempo und einem ständig steigenden Bedarf an Know-how.

- Die Konkurrenz im Markt war durch den Markteintritt finanzkräftiger und etablierter Anbieter (Siemens, Alcatel etc.) und dem Erscheinen neuer, kleiner und sehr aggressiver Wettbewerber sehr groß.

- Die Konkurrenzsituation und andere Entwicklungen führten zu einer ständig steigenden Anspruchshaltung der Kunden und Vertriebspartner bezüglich des Service-Levels.

- Es gab keine Experten, die jemals ein vergleichbares Problem gemeistert hatten und auf deren Erfahrungen man hätte zurückgreifen können.

Dem Management war zur Mitte der 90er Jahre klar, dass die Skalierbarkeit in einem derartigen Umfeld nur dann erfolgreich zu bewältigen war, wenn man sich den eigenen Marketing-Slogan „The Internet will change the way we work, live, learn and play" zu eigen machte und sich mittelfristig als nahezu komplett vernetztes, virtuelles und damit skalierbares Unternehmen aufstellte. Im Laufe der Jahre gewann dieser Aspekt deutlich an Gewicht. Der Vertrieb stellte fest, dass eines der überzeugendsten Argumente für den Einsatz von Produkten aus dem Hause Cisco war, dass man selber konsequent den Weg in Richtung eines vernetzten und über Intranet-Anwendungen funktionierenden Unternehmens ging. Dies ging soweit, dass viele Manager aus nicht-technischen Bereichen von Kunden von sich aus das Gespräch mit Cisco suchten um zu erfahren, wie man ganze Prozessketten automatisiert und mit webbasierten Anwendungen realisiert.

Konzept zur grundlegenden Neuausrichtung des gesamten Unternehmens

Das Management traf die Entscheidung, dass die Aufgabe der Skalierbarkeit entlang der Dimensionen Geographie, Produkte und Mitarbeiter nur gelöst werden konnte, wenn schlanke Geschäftsprozesse auf der Grundlage einer Web-basierten Anwendungsumgebung implementiert würden und einige grundsätzliche Prinzipien bei der Definition der Geschäftsprozesse befolgt würden:

- Transaktionen wie z.B. eine Produktbestellung, eine Mitarbeiteranforderung, eine Versetzung, eine Beförderung etc sollen die betroffenen Parteien (Mitarbeiter, Manager, Kunde, Lieferant) selber durchführen.

- Die Geschäftseinheiten innerhalb der Organisation von Cisco werden von der Durchführung der Transaktionen so weit wie möglich entlastet. Ihre Aufgabe ist die Festlegung der Regeln, nach denen die Transaktionen und Geschäftsprozesse durchzuführen sind. Ferner begleiten sie die Implementierung der Regeln in Web-basierten IT-Systemen und stellen die Fortentwicklung dieser IT-Systeme aus Sicht der Geschäftseinheiten sicher, indem sie entsprechende Anforderungen an die IT-Abteilung stellen.

- Geschäftsprozesse sollten wo nur irgend möglich auf einer Widerspruchsregelung anstelle einer Genehmigungsregelung basieren. Die Erfahrung zeigt, dass dadurch in vielen Fällen ein ganzer Geschäftsprozess für den Initiator zu einem einzelnen Ereignis wird.

- Alle geschäftlichen Transaktionen können durch eine Web-basierte Benutzerschnittstelle durchgeführt werden.

- Die Entwicklung von Web-basierten Anwendungen ist eine Angelegenheit des gesamten Unternehmens und wird vom Vorstandsvorsitzenden (John Chambers) gesteuert, der sich persönlich alle vier Monate von den anderen Boardmitgliedern über die entsprechenden Fortschritte in ihrem jeweiligen Verantwortungsbereich unterrichten lässt. Dies stellt eine gleichmäßige Entwicklung des gesamten Unternehmens sicher und erlaubt die Finanzierung der entsprechenden Infrastruktur aus einheitlichem Budget. Dadurch wird vermieden, dass einzelne Geschäftsbereiche die Bürde der Vorfinanzierung für Infrastrukturmaßnahmen tragen, welche (später) allen anderen Geschäftsbereichen auch nützen.

Diese mehr anwendungsorientierten Prinzipien werden durch eine Reihe von technischen Randbedingungen komplettiert, die eine rasche Anwendungsentwicklung erlauben und von denen hier nur die wichtigsten genannt werden:

- Es gibt nur eine globale, skalierbare, zuverlässige und in jeder Hinsicht sichere technische Plattform, auf der die Anwendungen realisiert werden („Web-Foundation").

- Die Anwendungen werden auf der öffentlichen Website des Unternehmens Kunden und Vertriebspartnern zur Verfügung gestellt; über ein Extranet den Lieferanten und den Vorlieferanten sowie im Intranet den Mitarbeitern und dem Management.

- Es werden für die WebFoundation global gültige Standards für die IT-Plattform definiert und durchgesetzt.

- IT-Projekte sind nicht mit der Ablieferung eines technisch einwandfrei laufenden Systems beendet, sondern mit der Ablieferung eines technisch einwandfrei laufenden UND von den Nutzern in einem bestimmten Maß genutzten Systems. Dies sichert den Erfolgskriterien Adoptionsrate und (interne) Kundenzufriedenheit die entsprechende Aufmerksamkeit.

- Alle Web-basierten Anwendungen werden schrittweise realisiert, so dass eine Grundfunktionalität rasch (= innerhalb weniger Monate) bereit steht und auf Erfolgsmetriken basierende messbare Erfolge innerhalb kurzer Zeit erzielt werden. Weitere Funktionalitäten werden schrittweise hinzugefügt.

Gerade der letzte Punkt hat gleich mehrere Vorteile. Diese Vorgehensweise führt nicht nur zu einer schnellen Realisierung eines Returns auf das getätigte Investment, sondern erlaubt es auch, dass die Nutzer „mit den Anwendungen wachsen". Ein einfaches Tool erfordert keinerlei oder nur ein sehr begrenztes Training. Der Anwender realisiert dadurch auch rasch den Vorteil der Anwendung für ihn persönlich, so dass eine hohe Akzeptanz in kurzer Zeit erreicht werden kann. Die in der Folgezeit schrittweise hinzugefügte Funktionalität erfordert ebenso wenig Training. Dies steht in Gegensatz zu der früheren Philosophie, eine an Funktionalität reiche Anwendung nach langer Implementierungsdauer zu starten. Üblicherweise ist der Nutzer dann von der Reichhaltigkeit und auch Komplexität überwältigt, so dass nicht unerhebliche Mittel in Training investiert werden müssen. Die schrittweise Entwicklung hat jedoch den Vorteil, dass der Mitarbeiter mit der Komplexität der Anwendung wächst, ohne dass in einem hohen Maße in Training investiert wird.

Dies schließt jedoch eine Investition in ein entsprechendes projektbegleitendes Change-Management (regelmäßige Kommunikation des Projektstatus, Liste mit häufig gestellten Fragen, Ansprechpartner bei Problemen oder entdeckten Fehlern etc.) nicht aus.

Insgesamt hatte Cisco das Ziel, möglichst schnell in einen sich selbst verstärkenden Entwicklungszyklus zu kommen, der dafür sorgt, dass sich die notwendige Kultur des „Self Service" unter den Managern und Mitarbeitern herausbildet, was letztendlich auch den inneren Druck erhöht, weitere Web-basierte Anwendungen zu entwikkeln. Einen ähnlichen Zyklus erhoffte man sich auf der technischen Seite, denn natürlich waren für die ersten Initiativen Investitionen in eine geeignete Infrastruktur notwendig, die sich jedoch später für weitere Anwendungen mehr als bezahlt gemacht haben.

Den gesamten Entwicklungsprozess der Umstellung von herkömmlichen Geschäftsprozessen bezeichnet Cisco mit dem Begriff E-Enablement oder E-Transformation. Dieser Prozess läuft heute noch und es ist eine Erfahrung von Cisco, dass es sich hierbei nicht um ein einzelnes Projekt, sondern einen kontinuierlichen Prozess handelt.

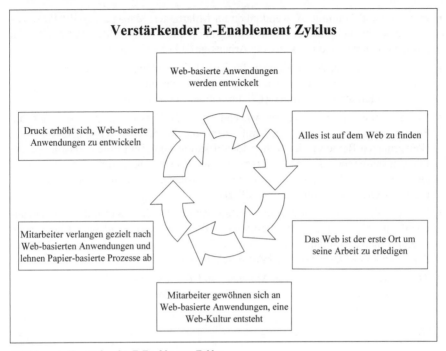

Verstärkender E-Enablement Zyklus

Web-basierte Anwendungen werden entwickelt

Druck erhöht sich, Web-basierte Anwendungen zu entwickeln

Alles ist auf dem Web zu finden

Mitarbeiter verlangen gezielt nach Web-basierten Anwendungen und lehnen Papier-basierte Prozesse ab

Das Web ist der erste Ort um seine Arbeit zu erledigen

Mitarbeiter gewöhnen sich an Web-basierte Anwendungen, eine Web-Kultur entsteht

Abbildung 1: Verstärkender E-Enablement Zyklus

Das Konzept und die Vorgehensweise im Personalbereich

Entwicklung eines Lebenszyklusmodells

Auch der Personalbereich stellte sich der Aufgabe, nach und nach die in seinem Verantwortungsbereich liegenden Geschäftsprozesse so zu definieren, dass sie über Web-basierte Anwendungen von Mitarbeitern und Managern selber abgewickelt werden konnten. Dazu wurde mit der Definition eines Modells für den Personallebenszyklus begonnen. Dieses Modell umfasst auf seiner höchsten Ebene folgende Funktionen:

- Planning & Recruitment: Anwendungen für Mitarbeiter, Manager und die Personalabteilung, die sich mit Organisationsanalyse, Personalplanung, Personalanforderung, der Identifikation und Ansprache von potenziellen Bewerbern, der Abwicklung des Rekrutierungsprozesses und der Einstellung beschäftigen.

- Induction and Training: Anwendungen für Mitarbeiter, Manager und die Personalabteilung, die sich mit der raschen Integration eines eingestellten Mitarbeiters in das Unternehmen und das konkrete Arbeitsumfeld beschäftigen.

- Productivity Tools: Anwendungen für Mitarbeiter, Manager und die Personalabteilung, die sich mit der Abwicklung von Routineadministration mit Bezug zur Personalabteilung beschäftigen (Urlaubsantrag, Stammdatenpflege etc.).

- Review, Reward and Develop: Anwendungen für Mitarbeiter, Manager und die Personalabteilung, die sich mit der regelmäßigen Leistungsbeurteilung (Performance Review), der frühen Identifikation von High Potentials für spätere Führungsaufgaben (Talent Assessment), der Würdigung besonderer Leistungen (Award-Program) und der entsprechenden Mitarbeiterentwicklung durch Mentoren/Coaches und Trainings beschäftigen.

- Promote and Transfer: Anwendungen für Mitarbeiter, Manager und die Personalabteilung, die sich mit Beförderungen, den damit verbundenen Änderungen (Gehalt, Incentive-Plan, Aktienoptionen, Titel) oder Versetzungen bzw. Statusänderungen von Mitarbeitern aller Art beschäftigen.

- Terminate: Anwendungen für Manager und die Gehaltsabteilung sowie andere Geschäftseinheiten (IT, Facility-Management), die sich mit dem Ausscheiden von Mitarbeitern beschäftigen.

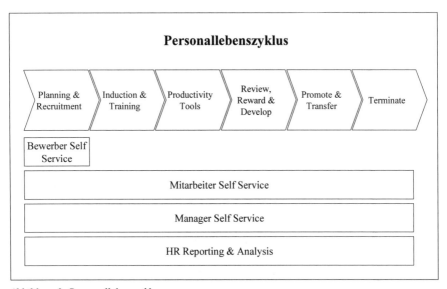

Abbildung 2: Personallebenszyklus

Für jede dieser Funktionen wurden noch auf weiteren tiefer gelegenen Ebenen Geschäftsprozesse definiert. So ist etwa der Bereich „Planning & Recruitment" auf der nächst niedrigeren Ebene definiert durch die Prozesse „Strategische Personalplanung", „Personalanforderung", „Kandidatenansprache", „Interviews", „Angebotserstellung" und „Einstellung".

Das Lebenszyklusmodell sollte die Grundlage für viele systematische Analyseschritte und Entwicklungsprojekte sein, die darauf folgen.

Identifikation und Priorisierung entlang des Lebenszyklusmodells

Bei der Frage nach den möglichen Web-basierten Anwendungen im Personalbereich wurde zweistufig vorgegangen. In einem ersten Schritt wurden potenzielle Web-basierte Anwendungen identifiziert und in einem zweiten Schritt wurden diese priorisiert. Danach wurden die aus dem Priorisierungsprozess hervorgegangenen wichtigsten Anwendungen in den IT-Projektmanagement-Prozess zur Budgetierung und Implementierung gegeben.

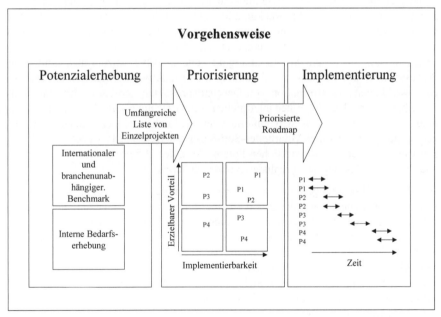

Abbildung 3: Vorgehensweise bei Web-basierten Anwendungen im Personalbereich

Die Identifikation möglicher Web-basierter Anwendungen wurde aus zwei Quellen gespeist. Einerseits wurde in der Personalabteilung und unter den Managern im Feld heraus eine einfache Erhebung durchgeführt, um akut vorliegende Bedürfnisse zu erheben.

Andererseits erfolgte ein internationales Benchmarking, indem erhoben wurde, welche Web-basierten Anwendungen andere Unternehmen im HR-Bereich einsetzten. Diese Erkenntnisse anderer Unternehmen auch aus anderen Branchen wurden als zusätzliche Inspiration, Motivation und zur Vermeidung der „Betriebsblindheit" in den Identifikationsprozess eingespeist. Die Vorgabe des Top-Managements lautet an dieser Stelle auch heute noch, dass durch die Nutzung von Web-basierten Applikationen langfristig gesehen eine auch im branchenübergreifenden Vergleich global führende und extrem leistungsfähige HR-Abteilung aufzubauen ist. Um dies zu gewährleisten, ist es jedoch notwendig, einen branchenunabhängigen Vergleich zu ziehen.

Dies führt zu einem regelmäßigen Benchmark gegen global tätige Unternehmen verschiedener Industrien, deren HR-Fähigkeiten in die Kategorien „Lagging", „Parity", „Leading" und „Visionary" (zurückgefallen, dem Durchschnitt angemessen, führend und visionär) eingestuft werden. Hinter diesem bei Cisco unternehmensweit – also nicht nur im Personalbereich – eingesetzten Modell steht die Vorstellung, dass Unternehmen, die in die Stufen „Lagging" und „Parity" einzuordnen sind zwar Prozessschritte automatisieren und dadurch die Produktivität erhöhen, nicht aber zu einer wirklichen Transformation von Geschäftsprozessen und damit des Unternehmens bzw. damit letztlich einer inhaltlichen Neuausrichtung z.B. der Personalabteilung kommen. Erst wenn sich Unternehmen wirklich verändern, indem sie z.B. massiv auf Manager- und Mitarbeiter-Self-Service setzen und Prozesse radikal vereinfachen, können sie die wirklichen Potenziale in den Bereichen Kosteneinsparung und Produktivitätssteigerung realisieren und sich verändern.

Gerade der selbst durchgeführte Benchmark führt immer wieder und auch heute noch zu einer erheblichen Transparenz und zu einer nüchternen Einschätzung der eigenen Fähigkeiten. Nicht zu unterschätzen ist auch die inspirierende Wirkung des Benchmarks, indem er neue Möglichkeiten aufzeigt, was in anderen Unternehmen gemacht wird. Die Inspiration zeigt sich in einem erheblichen Anwachsen des Wissens über neue Möglichkeiten des HR-Managements auf nahezu allen Ebenen der Personalabteilung. Ferner unterstützt das Benchmarking und das diesbezügliche Wissen die Bildung einer von allen gestützten Vision, wohin sich langfristig der Personalbereich von Cisco entwickeln soll.

Schon bei der Identifikation der potenziellen Web-basierten Anwendungen im Personalwesen wurde darauf geachtet, dass die Projekte derart definiert wurden, dass sie in kurzen Zeiträumen und mit einer kleinen Mannschaft implementierbar waren.

Beispielsweise war der Vorschlag einer Referral-Datenbank, in der existierende Mitarbeiter mögliche Kandidaten aus ihrem Freundes- oder Bekanntenkreis bzw. aus dem Kreis ihrer ehemaligen Kollegen anderer Arbeitgeber nominieren können, noch nicht weit genug heruntergebrochen. Der Vorschlag einer Referral-Datenbank zunächst mit lediglich einer Nominierungsfunktionalität (= einfache Kontaktdatenbank), in einem zweiten Schritt mit einer Lebenslauf-Funktion und in einem dritten Schritt mit einer Prämienfunktion für den nominierenden Mitarbeiter war hingegen zulässig. Dies sicherte von Anfang an eine sehr pragmatische Herangehensweise und erlaubte es auch, die Priorisierung auf einer sehr tiefen Ebene vorzunehmen.

Nach der Identifikation möglicher Web-basierter Anwendungen wurden diese Anwendungen priorisiert. Es liegt nahe, dafür einen Parameter zu definieren, der die jeweilige Wichtigkeit oder Relevanz bzw. das Ratiopotenzial beschreibt. In Zeiten des Wachstums wurde an dieser Stelle als Ratiopotenzial die Investitionsvermeidung gewählt. Das Ziel sollte daher sein, mit dem vorhandenen Mitarbeiterstamm im Personalwesen die Skalierung in der Mitarbeiterdimension auch in Zeiten erheblichen Wachstums vollziehen zu können. Der Personalbereich sollte nicht so stark wachsen wie andere Teile von Cisco.

Zusätzlich wendete Cisco jedoch noch einen zweiten Faktor zur Priorisierung an, der die Implementierbarkeit bzw. den Aufwand oder die benötigte Zeit für die Implementierung berücksichtigte. Dabei spielte auch die Forderung nach raschen Ergebnissen durch kleine und kurze Projekte eine Rolle.

Das Ergebnis dieses Prozesses war ein Entwicklungspfad aus einer hohen Zahl kleinerer und sehr niedrigen Zahl größerer Projekte, bei dem solche Anwendungen am Anfang standen, die mit vergleichsweise wenig Aufwand in kurzer Zeit zur einem hohen erzielbaren Vorteil im Sinne einer Produktivitätssteigerung, Kosteneinsparung oder Investitionsvermeidung führten.

Konkret wurden zu den wachstumsstarken Zeiten Projekte aus dem Bereich der Lebenszyklusphasen „Planning & Recruitment", „Review, Reward and Develop" sowie „Promote and Transfer" inklusive einiger dazugehöriger Analyse- und Reportingfunktionen hoch priorisiert. Für weniger wichtig wurden hingegen Tools aus der Lebenszyklusphase „Terminate" angesehen, da die Fluktuation sehr niedrig war.

Innerhalb eines Jahres war der komplette Rekrutierungsprozess durch Web-gestützte Tools automatisiert und bot z.B. Managern aus dem Feld Tools für die Profilerstellung, die Mitarbeiteranforderung sowie die Interviewplanung und -abwicklung an. Den Mitarbeitern aus der Personalabteilung wurden Bewerberdatenbanken (interne und externe) angeboten.

Schon früh zeigte sich in dem Prozess der Identifikation von Potenzialen und der Priorisierung, dass die Anwendungssicht alleine nicht vollständig ausreichen würde, die gesteckten Ziele zu erreichen. Vielmehr sorgte eine Arbeitsgruppe dafür, grundlegende Entscheidungen über die IT-Infrastruktur im Personalbereich zu treffen. Dies führte z.b. zur Wahl von PeopleSoft als zentrales HR Managementsystem. Neben Oracle Financials für die Produktionsdaten (Produkte, Bestellungen, Lieferungen, Umsätze, Kosten etc.) und Siebel (Kundendaten) ist PeopleSoft (Mitarbeiterdaten) das dritte große zentrale IT-System innerhalb von Cisco, von dem aus die eigentlichen Web-basierenden Anwendungen mit Daten gespeist werden.

Ein weiteres Projekt, das rasch als übergeordnetes Projekt identifiziert wurde, war das der globalen Standardisierung. So wurden Hierarchieebenen, Rollentitel, Gehaltsbandbreiten, Beförderungsprozesse etc. global harmonisiert und standardisiert, was die globale Skalierbarkeit der Anwendungen zulässt. Ferner wurden alle diese Standards in den Anwendungen hinterlegt, so dass sichergestellt war, dass die Prozesse mit einer geringstmöglichen Fehlerquote und geringstmögliche Konsultation des Personalbereichs – z.b. beim Erstellen eines Angebots an einen Bewerber für eine bestimmte Position auf einem bestimmten Hierarchielevel – durch Manager im Feld durchführbar sind. Hinsichtlich der Geschäftsprozesse wurde z.b. definiert, welche automatischen Eskalationsregeln gelten, so dass Geschäftsprozesse selbst dann noch durchlaufen werden können, wenn eine im Prozess befindliche Instanz (Manager, Senior Manager, Vertreter der Personalabteilung) z.b. krank, auf einer Dienstreise oder in Urlaub ist. Dies sichert kurze Durchlaufzeiten im Bereich von wenigen Tagen für Geschäftsvorfälle, Handlungsfähigkeit des Unternehmens und eine hohe Zufriedenheit der involvierten Nutzer bzw. Instanzen (Bewerber, Manager, Mitarbeiter, Personalabteilung).

Das Resultat

Unternehmensweiter Kontext

Cisco Systems hat unternehmensweit und global seit 1993 über 2.000 Projekte durchgeführt, die zu einer Web-basierten Funktionalität geführt haben. Diese Projekte waren in über 170 größeren Programmen zusammengefasst und folgten dem Grundsatz, dass die Projekte klein und kurz sein sollten, so dass sie schnell zu messbaren Erfolgen führten.

Jeder Mitarbeiter verfügt über einen Laptop und hat mit ihm jederzeit und von überall über verschiedene Einwahlkanäle (analoges Telefonnetz, breitbandiges DSL, neuerdings auch drahtlose Hotspots) Zugriff auf das Unternehmensnetz. So ist gewährleistet, dass jeder Mitarbeiter jederzeit und an nahezu jedem Ort die Web-basierten Anwendungen nutzen kann. Dies beschleunigt Geschäftsprozesse erheblich und sichert selbst in einem hochmobilen Umfeld einen raschen Fluss von Informationen auf formellen und informellen Kanälen sowie die zügige Abwicklung von Geschäftsprozessen.

Der alljährliche finanzielle Vorteil, der sich aus den Kosteneinsparungen, Kostenvermeidungen und Produktivitätsfortschritten der strategisch relevanten Web-basierten Applikationen ergibt, betrug im Geschäftsjahr 02, das zum 30. Juli 2002 endete, insgesamt rund 1,9 Mrd. $:

Anwendungsfeld	Finanzieller Vorteil
Elektronischer Vertrieb und Kundendienst	899 Mio. $
Intranet Tools	639 Mio. $
Supply Chain Management	274 Mio. $
E-Learning	133 Mio. $

Abbildung 4: Finanzieller Vorteil aufgrund Web-basierter Applikationen bei Cisco

Diese Zahlen werden bei Cisco jährlich erhoben und berücksichtigen nicht alle existierenden Web-basierten Applikationen, sondern lediglich diejenigen, von denen Cisco glaubt, dass sie aktuell einen Wettbewerbsvorteil bringen, d.h. mit denen Cisco im Vergleich zu Wettbewerbern führend oder besser ist. Durch diese Vorgehensweise wird erreicht, dass solche Anwendungen, mit denen Cisco einmal vor einigen Jahren Maßstäbe gesetzt hat, die mittlerweile aber jedes Unternehmen nutzt, nicht mehr in die Berechnung mit eingehen.

Neben diesen Resultaten, die sich in Zahlen aus Kosteneinsparungen, Kostenvermeidungen und Produktivitätssteigerungen ausdrücken lassen, sind erhebliche Fortschritte bei der Entwicklung der bereits erwähnten Web-Kultur zu nennen. Die Zufriedenheit interner Kunden ist erheblich gestiegen und die niedrige freiwillige Fluktuationsquote kann als Ausdruck der Zufriedenheit auch mit den internen den Alltag unterstützenden und bürokratischen Aufwand vermeidenden Systemen interpretiert werden. Dass der sich selbst stützende Kreislauf funktioniert, zeigt die Tatsache, dass gegenwärtig pro Monat zwischen 15 und 25 Web-basierte Tools eingeführt werden. Die wenigsten sind für jeden Mitarbeiter relevant, aber alle unterstützen die Web-Kultur, denn auch für kleine Anwendergruppen kann ein dringend benötigtes und u.U. global skalierbares Tool rasch entwickelt und eingeführt werden.

Resultate im Personalwesen

Global beschäftigt die Personalabteilung im HR-Bereich aktuell ca. 530 Mitarbeiter. Diese Zahl enthält auch ein Team von ca. 50 IT-Spezialisten, die nur für die HR-Systeme zuständig sind, nicht aber Recruiter, die bei Bedarf von extern temporär in die Teams integriert werden. Es ergibt sich damit eine Zahl von ca. 76 Mitarbeitern pro HR-Mitarbeiter. In einzelnen Ländern steigt diese Zahl bis auf 200 Mitarbeiter pro HR-Kraft an.

Die Grundlage aller Web-basierten Anwendungen im Personalbereich bildete die globale Implementierung von PeopleSoft, mit der Ende Januar 1997 begonnen wurde. Als eine Voraussetzung für die Implementierung wurden zahlreiche Regelungen im Personalwesen global harmonisiert und standardisiert, beispielsweise Stellencodes, Rollenbezeichnungen, Hierarchieebenen, Gehaltsbandbreiten und Geschäftsprozesse. Das Resultat war eine volle Implementierung auf einem einzigen global über das Unternehmensnetz erreichbaren Server, die aus drei Wellen bestand. Ende 1997 hatte PeopleSoft 220 originäre Nutzer im Personalbereich in 47 Ländern. Die Implementierung hatte Schnittstellen zu gut 50 anderen Systemen (z.B. Zugangskontrolle für Gebäude) realisiert und dauerte nur neun Monate.

Die Bedeutung von PeopleSoft hat sich danach noch weit über den HR-Bereich hinaus entwickelt, da beispielsweise das überwiegend aus PeopleSoft gespeiste globale Directory im Intranet nicht nur als Web-basiertes Telefonbuch, E-Mail-Verzeichnis und Kostenstellenverzeichnis fungiert, sondern mit seinen Daten die Grundlage für Authentifizierung und Zugangskontrolle für nahezu alle anderen Web-basierten Anwendungen aller anderen Geschäftsbereiche bildet. Heute ist PeopleSoft nach mehreren Upgrades in Version 8.3 implementiert.

Basierend auf PeopleSoft wurden zahlreiche einzelne Web-basierte Anwendungen gemäss der definierten Roadmap aus priorisierten Anwendungen implementiert. Beispiele für die Einführungszeitpunkte von Web-basierten Anwendungen waren:

- 1997: Externe Stellenbörse, Benefits Enrollment,
- 1998: Personal-Anforderungs-Tool, Referral-Programm,
- 1999: Stammdatenpflege, Award-Nominierung,
- 2000: Aktienoptions-Management, Jahresbonus-Zuteilungstool, Transfer-Tool, Beförderungs-Tool, Gehalts-Tool,
- 2001: Performance-Management und
- 2002: Interne Stellenbörse, Skill Management.

Von Anfang an gab es ein Analyse-Tool, das es einem Manager erlaubt, die im Organigramm unter ihm befindliche Organisation zu analysieren. Dieses Tool wurde konsequent immer weiter ausgebaut und erlaubt mittlerweile die Analyse und grafische

Darstellung zahlreicher Metriken (z.B. minimale, durchschnittliche und maximale Führungsspanne; minimale, durchschnittliche und maximale Organisationstiefe; Anzahl und Verteilung von offenen, ausgeschriebenen und besetzten Stellen; Anzahl und Verteilung von regulären Mitarbeitern, Teilzeitmitarbeitern, beurlaubten Mitarbeitern, Praktikanten etc.).

Die folgende Tabelle gibt eine Übersicht über existierende Anwendungen, die alle durch die involvierten Parteien (Mitarbeiter, Manager, selten Personalwesen) im Intranet durch einen Browser als Nutzerschnittstelle bedient werden können:

Planning & Recruitment	• Org-Analyse-Tool (Headcount, Führungsspanne, Org-Tiefe etc.) • Externe Stellenbörse • Interne Stellenbörse • Anforderungs-Tool • CV-Tool • Interview-Management-Tool • Referral-Programm
Induction and Training	• New-Joiner-Dashboard • Div. Benefits Enrollment • E-Learning
Productivity Tools	• Aktienoptions-Management • Sparplan-Management • Urlaubsantrag • Stammdatenpflege • Ausweistool/Zugangskontrolle • Notfallsupport • HR Website (1st Level Support) • HR-Trouble-Ticket-Tool (2nd Level Support)
Review, Reward and Develop	• Performance Management Tool • Jahresbonus-Zuteilungs-Tool • Talent Assessment Tool • Award-Nominierung • Mentoring Program • Skill-Management • Compensation Modelling Tool
Promote and Transfer	• Transfer-Tool (Manager-Change, Department-Change, Location-Change) • Beförderungstool • Aktienoptionszuteilungs-Tool • Gehaltserhöhungs-Tool • Status-Tool (Full-Time/Part-Time/Internship etc.)
Terminate	Terminierungs-Tool

Abbildung 5: HR-Anwendungen mit Self-Service

Zusammen mit den einzelnen Tools wurde auch die Personalorganisation insgesamt verändert. Grundidee dieser Reorganisation war die Kombination des Konzepts vom Shared Service Center mit dem Konzept der Web-basierten Applikationen.

Die Website des Personalbereichs im Intranet sollte als 1st Level Support den Groß-teil der Anfragen mit HR-Hintergrund durch ein breit gefächertes Informationsange-bot über die standardisierten Policies und Prozesse sowie den Aufbau der Personal-organisation abwickeln. Bestandteil der HR-Website ist auch eine Web-basierte Anwendung, die es erlaubt, eine Anfrage an das z.B. für Europa zuständige Shared Service Center zu stellen. Diese Anfrage – auch HR-Case oder HR-Trouble-Ticket genannt – kann Web-gestützt oder aber telefonisch in einem Call Center platziert werden und unterliegt einem Prioritätensystem. An die Prioritäten sind Service Level geknüpft, z.B. was die Bearbeitungsdauer angeht. Die den Case initiierende Person erhält unabhängig des genutzten Kanals (Web oder Telefon) eine Nummer und kann damit auf dem Web jederzeit den Status der Case-Bearbeitung abfragen. Ist der Case abschließend bearbeitet wird er geschlossen, was automatisch eine E-Mail an den Initiator mit einer Zufriedenheitsumfrage generiert. Diese Zufriedenheitsumfrage umfasst einige wenige Fragen nach der Zufriedenheit mit der Case-Bearbeitung ins-gesamt, der Vollständigkeit der Problemlösung, der Freundlichkeit des Case-Bear-beiters und der Zügigkeit der Case-Bearbeitung.

Erst wenn Website und das Shared Service Center nicht in der Lage sind, die Fragen zu beantworten werden lokale HR-Ressourcen in den jeweiligen Ländern zur Bear-beitung der Anfrage eingeschaltet. Aus der Erfahrung heraus kann gesagt werden, dass es sich bei derartigen Fällen um hochindividuelle und teilweise länderspezifi-sche Fragen z.B. aus den Bereichen der Versorgungsansprüche oder der Nebentätig-keiten handelt.

Der finanzielle Vorteil aller im Personalbereich verwendeter Tools lag im Geschäfts-jahr 02 bei rund 200 Mio. $, wie die folgende Tabelle zeigt, welche die Gesamtzahl der oben unter „Intranet Tools" zusammengefassten Vorteile weiter herunterbricht:

Anwendungsfeld	Finanzieller Vorteil
Anwendungen aus dem Personalwesen	200 Mio. $
Finanzen, Controlling, Rechtswesen	192 Mio. $
Interne IT	146 Mio. $
Kommunikations- und Kollaborationstools	101 Mio. $

Abbildung 6: Finanzielle Vorteile von Intranettools bei Cisco

So konnten die Kosten pro einzelner Transaktion, die von einem Manager mit Vorgesetztenfunktion durchgeführt wird, um 80% gesenkt werden. Beispiele für solche Transaktionen sind die Versetzung, die Beförderung, die Gehaltserhöhung, die Statusänderung oder die Zuweisung von Aktienoptionen. Einzelne Web-basierte Anwendungen haben sich dadurch innerhalb von fünf Monaten bezahlt gemacht. Neben diesen finanziellen Vorteilen ist die auch laufend gemessene Zufriedenheit der internen Kunden des Personalwesens erheblich gestiegen. Manager mit Vorgesetztenfunktion und Mitarbeiter haben sehr schnell die Vorteile eines selbstgesteuerten Geschäftsprozesses, den sie selbst jederzeit und von jedem Ort aus anstoßen und zu einem Großteil selbst kontrollieren können, schätzen gelernt.

Der HR-Bereich hat sich bei Cisco zu einem internen strategischen Business-Partner entwickelt, der einzelne Transaktionen nur noch in schwierigen Sonderfällen aufgrund eines HR-Trouble-Tickets durchführt. An den Standardtransaktionen (Stammdatenänderung, Änderung des Gehalts, Versetzung, Beförderung etc.) ist die Personalabteilung gar nicht mehr beteiligt. Diese Transaktionen werden komplett von dem betroffenen Mitarbeiter bzw. Manager in einer Web-basierten Anwendung initiiert und durchgeführt. Hierin liegt die wirkliche Veränderung, die eigentliche Transformation, die es erlaubt, eine sehr schlanke aber inhaltlich sehr erfahrene HR-Abteilung aufzubauen.

Die Hauptaufgaben der Mitarbeiter im HR-Bereich fallen daher mittlerweile im Wesentlichen in zwei Bereiche:

- Definition von langfristig gültigen strategischen Regeln im HR-Bereich (Beförderungsverfahren, Gehaltsstrukturen, Kompensations-Pläne, Organisationsaufbau, Erfolgsmetriken) und deren Implementierung in den HR-IT-Systemen.
- Beratung der internen Geschäftseinheiten bei strategischen Personalfragen, etwa dem langfristigen Skill-Management, dem Organisationsdesign, der gezielten individuellen Mitarbeiterförderung oder der Definition von Parametern für Leistungsbeurteilungen.

HR ist mittlerweile auch für die langfristige strategische Weiterentwicklung des gesamten Intranets zuständig und nimmt dadurch eine strategische Rolle bei der Bewahrung und Weiterentwicklung der damit verbundenen kulturellen Werte ein, wie z.B. Mitarbeiter Self Service, Manager Self Service, Agilität, Prozessvereinfachung durch Widerspruchs- anstelle einer Genehmigungsregelung oder aber Empowerment der Mitarbeiter. Es waren diese Werte, die sich über die Jahre der turbulenten Entwicklung konstant zeigten und dazu führten, dass global und in allen Geschäftseinheiten ein Bewusstsein für Produktivität, Kundenorientierung, Innovation, Beständigkeit des Wandels und Nutzen von den sich dadurch bietenden Chancen sowie Teamwork geschaffen wurde.

Eine weitere Veränderung hinsichtlich des Verantwortungsbereichs ist, dass der HR-Bereich für weite Teile der Mitarbeiterkommunikation zuständig geworden ist. In einem virtuellen vernetzten Unternehmen ist es wichtiger als in herkömmlichen Unternehmensstrukturen, dass der Mitarbeiter über Unternehmenskommunikation einen Bezug zu seinem Unternehmen aufbaut. Auch diese Aufgabe hat im Hause Cisco das Personalwesen übernommen und nutzt dafür das Unternehmensnetz und das Intranet.

Aktuelle Entwicklungen

Die aktuelle Entwicklung im Bereich aller Unternehmensbereiche bezüglich Web-basierter Anwendungen wird von dem Gedanken der Integration von einzelnen Applikationen getrieben. Die als „Low Hanging Fruit" oder auch „Quick Wins" titulierten und in den letzten Jahren reihenweise entwickelten Web-basierten Anwendungen quer durch den Personallebenszyklus sind mittlerweile alle realisiert und arbeiten stabil auf einer globalen Plattform. Die Integration dieser einzelnen Tools in durchgängige Prozessketten und dann auch in rollenspezifische Portale ist eine der aktuellen Hauptaufgaben.

War es bisher so, dass viele einzelne Anwendungen auf verschiedenen Websites im Intranet zur Verfügung stehen, so ist das Ziel nun, die nutzerorientierte Bündelung dieser Funktionalitäten in personalisierbaren Portalen, so dass einem individuellen Nutzer eine bestimmte Funktionalität gezielt und auf seine Bedürfnisse hin optimiert zur Verfügung gestellt wird. Dies bedeutet, dass sich die bislang auf einzelne Funktionen fokussierte Anwendungsarchitektur (Self Service) hin zu einer nutzerorientierten und rollenbasierten Architektur (Self Reliance) verändern wird.

Aus Sicht des Personalbereichs bedeutet dies, dass noch stärker als bisher Web-basierte Anwendungen als selbstverständliche Tools in einem von einem Geschäftsbereich selbst unterhaltenen personalisierten Managerportal ihren Platz finden, um dort beispielsweise einem ganz bestimmten Manager z.B. aus dem Vertrieb die HR-Management-Informationen zu der von ihm verantworteten Organisation zur Verfügung zu stellen – und dies im Vertriebsportal und damit außerhalb eines von der Personalabteilung kontrollierten IT-Tools.

Neben diesen großen Entwicklungslinien gibt es auch kleinere Projekte. Im Personalbereich steht eine weitere Vereinheitlichung des Look & Feels der Anwendungen im Mittelpunkt, ebenso wie eine Erhöhung der unterstützten Sprachen und die Berücksichtigung lokaler Besonderheiten in den globalen Tools, z.B. die Berücksichtigung von lokalen Besonderheiten des Arbeitsrechts oder des Datenschutzes.

Bezüglich der Funktionalität der neu entwickelten Anwendungen im Personalbereich hat sich der Fokus in den letzten 18 Monaten ganz deutlich in den Bereich „Review,

Reward and Develop" verschoben. Seit die Phase des Wachstums zu Ende ist, durchläuft Cisco eine Konsolidierung und nimmt eine strategische Ausrichtung auf wachstumsträchtige Geschäftsfelder vor, die das Wachstum in den nächsten Jahren tragen sollen. Diese Ausrichtung wird im Bereich des Personalwesens durch umfassende Aktivitäten auf dem Feld des Skill Assessments unterstützt. So wurde in 2002 ein umfassendes System zur Erhebung von einzelnen Skills und deren Ausprägungen gestartet. Ziel dieses Skill-Managements ist die Identifikation der vorhandenen Skills und der Vergleich mit den für das geplante Wachstum in neuen Geschäftsfeldern notwendigen Skills.

Der nächste Schritt ist die Verbindung des Skill-Assessments mit den vorhandenen E-Learning-Tools, um im Falle identifizierte Entwicklungsbedarfe gezielt Trainings anbieten zu können.

Fazit

Mit den Web-basierten Anwendungen im Personalwesen ist es der Personalabteilung von Cisco gelungen, sich in eine schlanke, agile Organisation zu verwandeln, die ihre Dienstleistungen als Business Partner und interner Consultant den verschiedenen Geschäftseinheiten über Web-basierte Anwendungen den Mitarbeitern und den Managern als Self Service global zur Verfügung stellt. Diese Vorgehensweise unterstützt die gesamte Strategie von Cisco, alle Geschäftsprozesse an den Schnittstellen zu Kunden, Lieferanten und Mitarbeitern ausschließlich über Web-basierte Anwendungen zu ermöglichen und sich damit zu einer in mehreren Dimensionen skalierbaren, agilen und unbürokratischen Organisation zu entwickeln.

Der konsequente Einsatz von Employee und Manager Self-Service (ESS/MSS) bei der BASF AG

Wolfgang Littmann

Der konsequente Einsatz von ESS und MSS ist aufgrund der DV-technischen Durchdringung, der inzwischen vorhandenen Fähigkeiten bei den Mitarbeitern und aufgrund der gegebenen Sachlage – Personalarbeit ist nicht an physische Medien gebunden – der nächste logische Schritt bei der IT Nutzung für die Personalarbeit.

Personalarbeit weiter zu informatisieren, vorhandene Investitionen besser zu nutzen und vor allem schneller, produktiver und qualitativ besser administrative Prozesse abzuwickeln, ist das Ziel des Einsatzes von ESS und MSS. Inwieweit dazu der Einsatz von leistungsfähigen Portalen notwendig oder nur hilfreich ist, soll hier an dieser Stelle nicht diskutiert werden.

Es ist davon auszugehen, dass künftig die Beratung und Abwicklung im Rahmen von personalwirtschaftlichen Prozessen verstärkt über Internet-Portale und Service-Hotlines (vgl. Abbildung 1) erfolgen wird.

Was ist nun unter ESS zu verstehen und warum wird die Bedeutung in Zukunft stark zunehmen? Unter ESS versteht man das

- elektronische Beschaffen und Übermitteln von Informationen,
- Anstoßen und Bearbeiten von allen Prozessen, soweit sie den einzelnen Mitarbeiter betreffen und
- Ersetzen von Formularen, Laufwegen und/oder Bearbeiten einschließlich MSS.

ESS wird sich durchsetzen wegen der

- Rationalisierungseffekte (zum Bespiel sagte Jack Welch, ehemaliger CEO von General Electrics: „Das Internet wird der letzte Nagel im Sarg der Bürokratie bei GE sein" [FAZ 14.03.2000]).
- Auswirkungen auf den Einsatz von E-Commerce[1] (Einsparungen von Schulungsaufwand, Verbessertes Verständnis der Mitarbeiter etc.).
- sich daraus ergebenden Grundlagen für die Neugestaltung von Prozessen.

---

[1] E-Commerce = Electronic Commerce, die Abwicklung von Geschäftsprozessen mittels elektronischem Datenaustausch über das Internet.

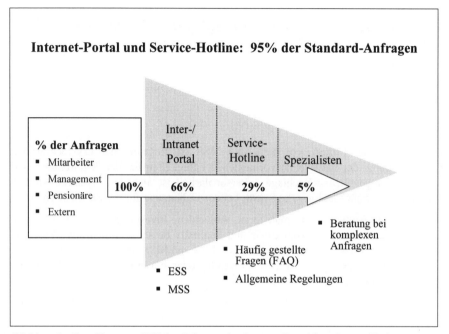

Abbildung 1: Abwicklung von 95% der Anfragen über Internet-Portal bzw. Service-Hotline

Entwicklungsstufen des ESS

Die Entwicklung des E-HR und des ESS ist weitgehend analog zur Entwicklung des E-Commerce verlaufen, wobei sich der Einsatz im Personalwesen nicht so rasant entwickelt hat, wenn man dies zum Beispiel mit der Nutzung des E-Bankings vergleicht. Dies ist sicherlich darauf zurückzuführen, dass der Kundendruck nicht so stark ist wie im Wettbewerb.

Grundsätzlich kann man bei der Entwicklung des ESS die gleichen Phasen beobachten wie im E-Commerce" (vgl. Abbildungen 2 und 3):

- Information,
- Interaktion,
- Transaktion und
- Integration.

Entwicklungsstufen Electronic Commerce

Information	Interaktion	Transaktion	Integration
Produkt-Broschüren	Suchanfragen	Online-Bestellung	Vendor/Supplier Managed Inventory
Technische Information	Marktforschung	Order Tracking	Gemeinsame Produktentwicklung
Unternehmens-information	Personalisierte Berichte	Beanstandungs-management	Steuerung und Planung SCM
Produktlisten	Feedback-Systeme	Zahlungsverkehr	WEB EDI
E-Mail	Online Dokumentation	Verfügbarkeits-informationen	

Abbildung 2: Entwicklungsstufen E-Commerce

ESS in der BASF

Information	Interaktion	Transaktion	Integration
Personal-handbuch	Suchanfragen	Zeitmeldungen	Job-Posting
Personal-Information	Zeitkonten-abfrage	Stammdaten-pflege	
Elektronische Personalakte	Personalisierte Berichte	Reisekosten-abrechnung	Bewerber-abwicklung
Leistungs-kataloge	Besucher-meldung	Zahlungsverkehr	Fahrkarten
E-Mail	Online-Dokumentation	Altersvorsorge	

Abbildung 3: ESS in der BASF

Phase 1 – Information

In diesem Stadium werden Kataloge, Handbücher, Betriebsvereinbarungen, Richtlinien etc. im Internet bzw. Intranet verfügbar gemacht.

Der Umstellungsaufwand ist überschaubar, der Nutzen aber vielschichtig und vor
allem leicht messbar. Verteilungskosten werden vermieden und die Pflege von Lose-
Blatt-Sammlungen kann entfallen. Gleichzeitig sind für alle Nutzer stets die aktuellen und gleichen Informationen verfügbar. In die gleiche Kategorie sind Informationen über die betriebliche Altersversorgung, Sozialleistungen, Aktienbezugsmo-
delle usw. einzuordnen. Die weltweite Verfügbarkeit im Intranet eines Unternehmens
führt so indirekt auch zur stufenweisen Angleichung und Harmonisierung.

Für die Personalarbeit in transnationalen Unternehmen ist auch die Verfügbarkeit
einer elektronischen Personalakte hilfreich, über die Positionsbesetzungen erleichtert
und die Information von neuen Vorgesetzten verbessert werden kann.

Phase 2 – Interaktion

Bei der Problemlösung von typischen Büroaufgaben bringt die gezielte Suche in
Handbüchern einen deutlichen Zeitgewinn und aufgrund der inzwischen starken
privaten Nutzung und der damit verbundenen Anwendungserfahrung auch einen
Produktivitätsgewinn.

Nutzen bringt ebenfalls der einfache Zugang zu den eigenen Daten wie z.B. eine
Zeitkontenabfrage, aber auch der gezielte Zugang zu ausgewählten Berichten prägt
diese zweite Phase, in der eine individuelle Selektion möglich und eine Personalisierung der Datennutzung eingeführt wird.

Dies bedeutet, dass eine effiziente Benutzeradministration eingesetzt werden muss,
die berücksichtigt, dass alle Mitarbeiter weltweit zu jeder Zeit administriert werden
können. Mediengerecht muss dies auch über das Intranet erfolgen, im Idealfall
vollständig automatisiert, um die Kosten niedrig zu halten. Dies gelingt allerdings
nur dann, wenn die betroffenen Mitarbeiter über eine individuelle E-Mail-Adresse
verfügen. Ist dies nicht der Fall, wie bei vielen Mitarbeitern in der Produktion der
BASF AG, erfolgt die erste Information über das individuelle Passwort mittels eines
Papierdokumentes.

Phase 3 – Transaktion

Der nächste logische Schritt ist nicht nur die Abfrage, sondern die Pflege von eigenen Daten. Der Aufwand für die Pflege von Zeitdaten und Zeitkonten – vor allem bei
dem Einsatz von Gleitzeit und „Ansparkonten" – ist bei konventioneller Pflege nicht
unbeträchtlich. Wiederholte Untersuchungen haben gezeigt, dass dieser Aufwand
zwischen 30-40 Minuten pro Mitarbeiter und Monat liegt. Mit Hilfe eines ESS/

MSS-Szenarios (vgl. Abbildung 4) kann dieser Aufwand auf unter 5 Minuten reduziert werden.

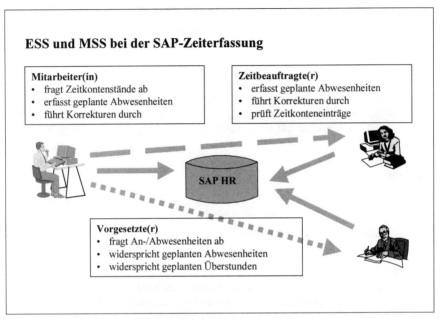

ESS und MSS bei der SAP-Zeiterfassung

Mitarbeiter(in)
- fragt Zeitkontenstände ab
- erfasst geplante Abwesenheiten
- führt Korrekturen durch

Zeitbeauftragte(r)
- erfasst geplante Abwesenheiten
- führt Korrekturen durch
- prüft Zeitkonteneinträge

SAP HR

Vorgesetzte(r)
- fragt An-/Abwesenheiten ab
- widerspricht geplanten Abwesenheiten
- widerspricht geplanten Überstunden

Abbildung 4: ESS und MSS bei der SAP-Zeiterfassung

Analoge – im Einzelfall oft nur geringe – Einsparungen wie Bankkonten-, Stammdatenpflege summieren sich und sichern in der Regel eine höhere Qualität der Daten. Hilfreich und stark genutzt werden Anwendungen zur Alternativberechnung, wie sie bei der Ermittlung von Steuervorteilen, -belastungen bei der Nutzung von Dienstwagen anfallen oder was der Gehaltsverzicht im Rahmen von „Deferred Compensation Modellen" bewirkt.

In dieser Phase können die Prozesse wie z.B.

- Beurteilung,
- Vergütung,
- Mitarbeiterentwicklung,
- Genehmigung (Reisekostenabrechnung, Seminarbesuch etc.) sowie
- Versetzung

durch die Einbeziehung der Vorgesetzten (MSS) deutlich vereinfacht und beschleunigt werden.

Phase 4 – Integration

Diese Phase ist in der Produktion schon weit verbreitet, aber im Personalbereich bisher nur selten anzutreffen.

Am häufigsten ist eine solche Integration im Bereich der Personalbeschaffung zu beobachten und auch im Trainingsbereich ist eine solche Kooperation festzustellen. Der externe Trainer hat elektronischen Zugang zu den angemeldeten Teilnehmern und kann ggf. auf elektronischem Weg mit diesen kommunizieren. Soweit es notwendig ist, die Mitarbeiter auf einen bestimmten Kenntnisstand zu bringen, ist dies ebenso möglich.

Beispiele

Im Folgenden werden einige Beispiele vorgestellt, die die Breite der Möglichkeiten des Einsatzes eines ESS/MSS aufzeigen sollen.

Beispiel – Elektronische Personalakte

Die elektronische Akte ist sicherlich nicht die Anwendung mit dem höchsten und dem schnellsten ROI. Allerdings ist diese Anwendung wahrscheinlich die zentrale Lösung, um alle personalwirtschaftlichen Prozesse in den Focus der Informatisierung dieser Prozesse zu stellen und so Personalarbeit ungebunden an Ort und Zeit zu ermöglichen. Die Entwicklung der elektronischen „Ausleihungen" zeigt, dass nach drei Jahren monatlich statistisch fast 10% aller Akten ausgeliehen werden.

Diese Tatsache verbunden mit der Akzeptanz von ESS und MSS ist die Grundlage, weitere personalwirtschaftliche Prozesse papierlos zu gestalten und vor allem die Arbeitsteilung zwischen Mitarbeiter, Vorgesetzten und Personalfunktion zu überdenken und neu zu gestalten.

Hier sollte man sich das E-Banking zum Vorbild nehmen. Analog kann eine Vielzahl von Prozessen automatisiert werden, so dass die Personalfunktion nur die Regeln festlegt und das Controlling praktiziert, aber keinerlei operative und administrative Tätigkeiten durchführen muss.

Beispiel – Reisekostenabrechnung

Ein Beispiel für eine zeitgemäße Abwicklung eines administrativen Vorgangs ist die Reisekostenabrechnung. Diese erfolgt in der BASF IT Services nur mit einem Minimum an Papier und elektronischem Workflow (vgl. Abbildung 5).

Der Reisende erfasst die Reisedaten mit Verweis auf Belege wie Hotelrechnungen, Fahrtkosten, etc. Eine Übersicht der Daten wird ausgedruckt und dient als Deckblatt für die Papierbelege. Diese Dokumente werden direkt zu einer zentralen „Scan-Stelle" geschickt. Der Ausdruck enthält einen eindeutigen Barcode, wodurch alle Belege eindeutig zugeordnet werden können.

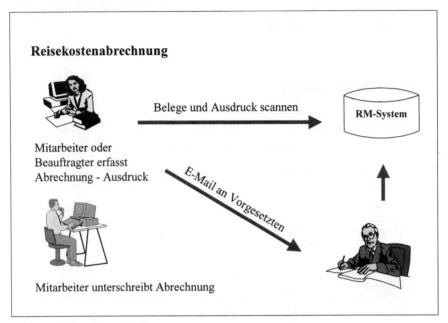

Abbildung 5: Reisekostenabrechnung

Mit dem elektronischen Abschluss der Reiseabrechnung wird automatisch eine E-Mail an den Vorgesetzten generiert mit den wichtigsten Daten der Reise. Auf der Basis dieser Daten kann der Vorgesetzte die Abrechnung durch „Duldung" akzeptieren, indem er nichts tut, oder er lässt sich Details der Reisekostenabrechnung inklusive der gescannten Originalbelege anzeigen, um dann der Abrechnung zu widersprechen oder sie durch „Duldung" zu akzeptieren.

Damit sind die Aktionen aller Beteiligten auf ein Minimum reduziert. Der Vorteil dieses Verfahrens liegt darin, dass es praktisch international angewandt werden kann.

Beispiel – Online-Spenden

Diesem Beispiel liegt leider ein nationales Unglück zugrunde, nämlich die Flutkatastrophe von 2002. Die BASF AG praktiziert in der Regel eine vorbildliche Lösung, um die Initiative der Mitarbeiter zu unterstützen. Spenden der Mitarbeiter können effizient über die Gehaltsabrechnung abgewickelt werden und das Unternehmen legt auf jeden von den Mitarbeitern gespendeten Euro einen weiteren dazu.

Um die Abwicklung weiter zu rationalisieren wurde innerhalb eines Tages eine „Spendenfunktion im ESS Portal" eingebaut. Diese fand bei allen Mitarbeitergruppen eine hohe Akzeptanz (vgl. Abbildung 6).

Anteil Online-Spenden

Mitarbeitergruppe	BASF AG	BASF IT Services
Gewerbliche Mitarbeiter	20,7	-
Tarifangestellte	27,2	51,7
AT-Angestellte (tarifnah)	23,2	46,9
AT-Angestellte (tariffern)	16,1	44,9
Alle	**23,9**	**49,6**

Abbildung 6: Anteil Online-Spenden

Ausblick

Die direkte Pflege der Kommunikations- und Adressdaten (vgl. Abbildung 7) ist im Zeitalter von E-Mail und Websites ein „Muss". Nur durch die direkte Pflege dieser Daten von den Mitarbeitern und/oder dezentralen Stellen ist eine zeitnahe und qualitativ hochwertige Pflege möglich.

Dies ermöglicht es überhaupt erst, zeitnah weltweit aktuelle Adressverzeichnisse verfügbar zu machen. Nebenbei kann dadurch die Berechtigungsvergabe vereinfacht, sicherer und kostengünstiger gemacht werden.

Management von Kommunikationsdaten

• Aktualisierung von Adress- und Arbeitsplatzdaten
• Steuern von Berechtigungen

• Erzeugen von Telefon- und Adressverzeichnissen mit Darstellung von Organisation und Aufgaben

▶ **Kein effizientes e-Business ohne e-HR!**

Abbildung 7: Management von Kommunikationsdaten

III. Ziele, Aufgaben und inhaltliche Ausgestaltung eines internationalen Personalcontrolling

Personalrisiken systematisch angehen

Jean-Marcel Kobi

1 Personalrisikomanagement: Eine neue Dimension zur Steigerung des People Value

Schnellerer Wandel birgt Risiken. Es erstaunt deshalb nicht, dass die Sensibilität für Risiken in den letzten Jahren massiv gestiegen ist. Eine Gruppe von Risiken blieb allerdings bisher weitgehend unbeachtet: die Personalrisiken.

Die Bedeutung der Human Resources (HR) als wertvollste und sensibelste Ressource eines Unternehmens legt es nahe, die Personalrisiken ebenso fundiert anzugehen wie das für andere Risiken schon lange üblich ist. Während Kredit-, Zinsänderungs-, Prozess-, Markt- oder Umweltrisiken mit ausgefeilten Risikomodellen verfolgt werden, ist sogar der Begriff Personalrisiken neu. Die Kosten, die durch Nichtbeachtung dieser Risiken ausgelöst werden können, werden kaum angesprochen. Selbst risikosensible Branchen wie Banken und Versicherungen, haben nie versucht, dieses Denken auf die Personalrisiken zu übertragen. Kurz: Es gibt kaum einen Unternehmensbereich, in dem mit weniger Systematik und Professionalität höhere Risiken eingegangen werden als im HR-Bereich. Gleichzeitig weisen alle Untersuchungen das Humanpotenzial als entscheidenden Erfolgsfaktor von Unternehmen aus. Ein systematisches Personalrisikomanagement wird somit immer wichtiger. Wenn negative Entwicklungen frühzeitig erkannt werden, können sie auch präventiv angegangen werden. Je später sich Unternehmen ihrer Personalrisiken bewusst werden, umso schmerzlicher kann es für sie werden.

Seit ein paar Jahren verlangt das KonTraG, dass börsennotierte Unternehmen Früherkennungssysteme einrichten, um bestandsgefährdende Entwicklungen rechtzeitig erkennen und abschätzen zu können. Zu den Risikofeldern gehören auch qualitative Risiken wie die Personalrisiken. In der Praxis erweisen sich gerade die weichen Faktoren oft als die härtesten. Letztlich können die meisten Probleme in Unternehmen auf menschliche Fehlleistungen oder Unterlassungen zurückgeführt werden. Trotzdem sind die Risikoerkennungssysteme im Personalbereich noch deutlich unterentwickelt. Der Personalrisikoansatz ist als Grundlage gedacht, um strategisch besonders bedeutsame Mitarbeitergruppen und ihren Gefährdungsgrad abschätzen und steuernd eingreifen zu können.

Gemäss Basel II sollen in Zukunft neben den Kredit- und Marktrisiken auch die sogenannten operationellen Risiken mit Eigenmitteln unterlegt werden. Dazu zählen auch die Personalrisiken, die näher betrachtet und zuverlässig messbar gemacht werden müssen.

Sich mit Personalrisiken beschäftigen, heisst fragen, welche Mitarbeitenden man in Zukunft braucht, wie man sie gewinnt und im Unternehmen hält und wie man sie zu überdurchschnittlicher Leistung motiviert. Es geht darum, die Risiken sichtbar und voraussehbar zu machen, damit sie präventiv angegangen und begrenzt oder vermieden werden können. Added Value wird durch einen ganzheitlichen Ansatz erreicht, der die Personalrisiken im Unternehmen abzuschätzen und zu steuern erlaubt.

2 Ein ganzheitliches Modell des Personalrisikomanagements

Zur Erkennung und Steuerung von Personalrisiken braucht es ein systematisches Vorgehen, mit dem sichergestellt wird, dass wichtige Aspekte nicht übersehen und die richtigen unternehmensspezifischen Schwerpunkte gesetzt werden. Punktuelle Ansätze greifen zu kurz.

Das dargestellte Modell ist bewusst einfach gehalten. Für die wichtigsten Personalrisiken genügen vier Felder, die in einen Risikozyklus eingebettet sind. Der ganzheitliche Ansatz ist in Abbildung 1 dargestellt.

2.1 Risikofelder

Wenn Mitarbeitende fehlen, entspricht dies einem Engpassrisiko. Fehlendes Potenzial kann intern nachgezogen oder extern rekrutiert werden. Austritte von Mitarbeitenden und insbesondere Schlüsselpersonen stellen ein massiv unterschätztes Risiko dar, das man als Austrittsrisiko bezeichnen kann. Es gilt, die gefährdeten Mitarbeitenden zu erkennen und mit gezielten Retentionmassnahmen im Unternehmen zu halten.

Falsch qualifizierte Mitarbeitende stellen ein Anpassungsrisiko dar. Wenn einschneidendere Massnahmen wie Entlassungen vermieden werden sollen, sind präventive Um- und Neuqualifizierungen angesagt. Ein Anpassungsrisiko liegt auch vor, wenn sich die Mitarbeitenden nicht an notwendigen Wandel anpassen können oder wollen.

Schlecht motivierte Mitarbeitende, die innerlich gekündigt haben oder ausgebrannt sind, stellen ihrerseits ein Motivationsrisiko dar. Das Commitment wird immer deutlicher zu einer entscheidenden Messgrösse.

2.2 Risikozyklus

Risikoidentifikation heisst, Entstehung und mögliche Auswirkungen der Risiken zu erfassen. In der Praxis sind die Schwerpunktrisiken von Unternehmen zu Unternehmen unterschiedlich. Wer seine Schwerpunktrisiken kennt, kann die Massnahmen

auf die Bereiche mit echten Risiken fokussieren. Deshalb sollte zuerst eine grobe
Risikoabschätzung vorgenommen werden.

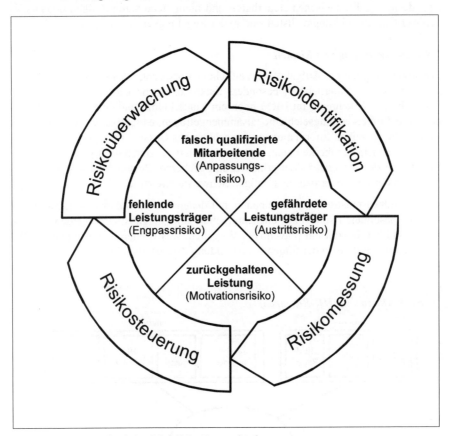

Abbildung 1: Ein ganzheitliches Modell des Personalrisikomanagements

Risikomessung als zweiter Schritt ist im HR-Bereich oft nicht einfach. Trotzdem ist
Messen unverzichtbar und, wie Beispiele zeigen, auch möglich. Untersuchungen
belegen eine klare Verbesserung, sobald das Risiko quantifiziert wird.

Wenn Bedeutung und Ausfallwahrscheinlichkeit für die verschiedenen Messgrössen
festgelegt sind, können die Risiken in einem Risikoportfolio dargestellt werden, das
als Grundlage der Steuerung dienen kann.

Im Zentrum der Überlegungen steht die Risikosteuerung, die Massnahmen aufzeigt, um Risiken zu verhindern oder zu reduzieren. Diese Massnahmen müssen sich lohnen; deshalb sollte zwischen steuerbaren und nicht steuerbaren Risiken unterschieden werden. Am wirkungsvollsten sind in der Regel präventive Ansätze.

2.3 Früherkennung von Risiken

Früherkennung hat die Aufgabe, mit zeitlichem Vorsprung auf Ereignisse hinzuweisen, die für das Unternehmen besonders risiko- bzw. chancenträchtig sind. Heute fristet die Früherkennung im HRM noch ein Mauerblümchendasein. Punktuell werden zwar Früherkennungselemente zusammengetragen, es fehlt aber die Systematik, so dass die einzelnen Informationen kein schlüssiges Gesamtbild ergeben. Das HRM braucht vermehrt Früherkennung, um agieren, statt reagieren zu können. Fundierte Kenntnisse der Personalrisiken erlauben eine sicherere Personalplanung und erlauben es, in der Personalarbeit die richtigen Schwerpunkte zu setzen.

Es gilt Frühwarninstrumente aufzubauen, mit denen interne und externe Entwicklungen, die besonders risiko- bzw. chancenträchtig sind, diagnostiziert werden können. Früherkennung erlaubt ein präventives Vorgehen, was wiederum Kosten spart. HR-Research umfasst die in der folgenden Abbildung dargestellten Felder:

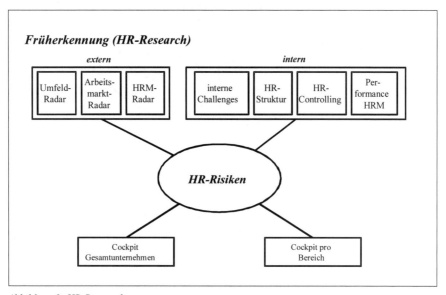

Abbildung 2: HR-Research

Der Umfeld-, der Arbeitsmarkt- und der HR-Radar suchen das Feld der externen Entwicklungen ab.

- Der Umfeldradar lotet die relevanten wirtschaftlichen und gesellschaftlichen Trends aus. Dazu existiert eine Vielzahl von Publikationen und Daten (Trendforschung, Umfragen, Konjunkturdaten usw.). Mehrwert entsteht, wenn die für das Unternehmen wesentlichen Entwicklungen herausgefiltert und die Linie sensibilisiert werden kann.

- Auch die Daten zum Arbeitsmarkt sind nur nützlich, wenn sie unternehmensspezifisch aufbereitet werden.

- Der HR-Radar versucht, die Entwicklungen und Herausforderungen an das HRM frühzeitig zu erkennen. Neue Ansätze und Vergleichsdaten (z.B. aus Benchmarking, Prozessvergleichen usw.) können interessante Hinweise geben.

Mindestens so wichtig wie die externen sind die internen Entwicklungen.

- Die Personalrisiken können nur vor dem Hintergrund des mitarbeiterrelevanten strategischen, kulturellen und strukturellen Wandels sowie der Veränderungsfähigkeit von Unternehmen und Mitarbeitenden richtig eingeschätzt werden (interne Challenges).

- Oft beschränkt sich die Personalplanung in Unternehmen auf die quantitativen Aspekte und ist zu wenig in die Unternehmensplanung integriert sowie ungenügend auf die qualitativen Gesichtspunkte ausgerichtet. Gerade eine solche Vorausschau ist aber als Grundlage für die Risikobetrachtung notwendig. Zentrale Fragen sind:

Welche strategisch relevanten zukünftigen Fähigkeiten und Qualifikationen ergeben sich aus den zentralen strategischen Herausforderungen? Wie verändert sich der quantitative Bedarf?

Wie sehen die qualitativen Anforderungen in Zukunft aus? Welche neuen Denkweisen/Verhalten müssen im Unternehmen breit verankert werden? (z.B. Marketingdenken, Resultats- und Leistungsorientierung usw.) Ist die Weiterentwicklung des Unternehmens personell gesichert?

Sind für strategische Projekte genügend qualifizierte Mitarbeitende vorhanden? Ist das HRM genügend strategie-, prozess- und qualitätsorientiert? Wann ist letztmals ein Audit der Personalarbeit durchgeführt worden?

Ereignisse treten nicht plötzlich ein, sie kündigen sich in aller Regel an. Früherkennung erlaubt es, Zeit zu gewinnen und damit den Handlungsspielraum entscheidend zu vergrössern.

3 Identifikation der Personalrisiken

Die folgenden Beispiele sollen die Bedeutung der vier Personalrisiko-Felder verdeutlichen:

- *Fehlen Leistungsträger, so entspricht das einem Engpassrisiko.* Trotz relativ entspannter Arbeitsmärkte (verglichen mit Konjunkturphasen wie z.b. 1997-2000), sind qualifizierte Mitarbeitende mit spezifischen Qualifikationen nach wie vor gesucht. Aufgrund der demografischen Entwicklung werden in Zukunft Leistungsträger fehlen. Jedes Unternehmen kann Projekte aufzählen, die nicht verwirklicht oder zeitgerecht abgeschlossen werden konnten, weil es an personellen Kapazitäten mangelte. So verzichtete beispielsweise eine grosse Bank auf eine interessante Firmenübernahme, weil sie sich eingestehen musste, dass ihr das notwendige Managementpotenzial fehlte.

  Gleichzeitig gibt es in fast allen Unternehmen grössere und kleinere unausgeschöpfte „stille Reserven" an Mitarbeiterpotenzialen. Stark unterschätzt werden auch die Kosten von Fehleinstellungen und mangelhafter Einführung. Berechnungen zeigen, dass jede Personaleinstellung eine Investition darstellt, die bei Sachinvestitionen von aufwändigen Evaluationsverfahren begleitet wäre. Es würde sich deshalb rechtfertigen, im Einstellverfahren wesentlich sorgfältiger vorzugehen als dies heute üblich ist.

- Gerade in einem ausgetrockneten Arbeitsmarkt stellen Austritte von Schlüsselpersonen ein massiv unterschätztes Risiko dar, das man als Austrittsrisiko bezeichnen kann. Generell ist in Zukunft mit mehr Fluktuation und weniger Loyalität der Mitarbeitenden zu rechnen. Umgekehrt wird aber der Zusammenhang zwischen Mitarbeiterloyalität und Kundentreue sowie Wachstum von Unternehmen immer offensichtlicher.

  Damit ist nicht nur der Austritt eines einzelnen Mitarbeitenden angesprochen, sondern vermehrt auch der Weggang ganzer Teams, womit ein Unternehmen nachhaltig geschwächt oder wie Beispiele im IT- oder Bankensektor zeigen, gezwungen werden kann, interessante Geschäftsfelder aufzugeben. Eine zusätzliche Brisanz erfahren Austritte von Schlüsselpersonen, wenn sie nicht nur die besten Leute abwerben, sondern auch Kundenbeziehungen ins neue Unternehmen hinüberziehen.

  Eine Berechnung der Fluktuationskosten könnte vielen Managern die Augen öffnen. Meistens sind sie sich nicht bewusst, was die Fluktuation kostet. Sie haben nur die Personalsuchkosten im Auge. Weit bedeutsamer ist aber die verlorengegangene Produktivität in der Kündigungs- und Einarbeitungsphase.

Die Gefahr, dass die besten Leute das Unternehmen verlassen, ist bei Fusionen besonders gross. Trotzdem wird die kulturelle und menschliche Dimension in der Evaluationsphase meist ausgeklammert, obwohl der Erfolg vieler Zusammenschlüsse entscheidend davon abhängt, ob es gelingt, die damit verbundenen personellen Risiken in den Griff zu bekommen und die Leistungsträger für das neue Unternehmen zu gewinnen. Gefährdete Schlüsselpersonen müssen schnell erkannt werden, um sie anschliessend mit gezielten Retentionmassnahmen an das Unternehmen binden zu können.

- Falsch qualifizierte Mitarbeitende stellen ein Anpassungsrisiko dar. Wenn der Änderungsbedarf nicht frühzeitig erkannt wird oder die notwendigen Qualifizierungsanstrengungen nicht konsequent genug sind, steigt die Gefahr, dass irgendwann in der Zukunft harte Maßnahmen wie Entlassungen oder vorzeitige Pensionierungen mit dem begleitenden Imageverlust nötig werden.

Ein Anpassungsrisiko kann auch entstehen, wenn Mitarbeitende Veränderungen nicht als Chance begreifen und sich nicht genügend flexibel zeigen. Anpassungsfähigkeit und -bereitschaft sind Teil einer zukunftsfähigen Kultur.

- Beispiele von zurückgehaltener Leistung von Mitarbeitenden sind innerlich Gekündigte, Ausgebrannte, ältere Mitarbeitende, denen keine Herausforderung mehr gegeben wird oder auch Mitarbeitende, die wegen arbeitsbedingter Gesundheitsbeschwerden der Arbeit fernbleiben. Das Ausmaß solcher Motivationsrisiken und ihre Auswirkungen auf den Unternehmenserfolg wird stark unterschätzt.

Es scheint eine Zeiterscheinung zu sein, dass rüstige 50 – 60-jährige von ihren Arbeitgebern in den Vorruhestand geschickt werden. Was das menschlich für viele der Betroffenen bedeutet und welches schwer ersetzbare Erfahrungswissen dadurch verloren geht, wird selten bewusst reflektiert.

Die erfolgreichsten Unternehmen sind diejenigen, die Voraussetzungen schaffen, damit ihre Mitarbeitenden leistungsbereit bleiben und sich mit dem Unternehmen identifizieren. Damit avanciert das Commitment zum wichtigen Indikator, der auch in jeder Mitarbeiterbefragung erfasst werden sollte.

4 Messung der Personalrisiken

Auch wenn die qualitativen, personellen und kulturellen Elemente nicht direkt gemessen werden können, ist es doch möglich, Erfolgsmassstäbe festzulegen und deren Einhaltung zu beurteilen. In diesem Sinn ist auch modernes Personalcontrolling nicht nur operativ/quantitativ ausgerichtet (Kosten, Statistiken, Kennzahlen), sondern berücksichtigt die strategische Dimension (Früherkennung, Wertschöpfung, Zielabweichung) sowie die qualitative Dimension wie z.B. Potenzialerfassung, Mitarbeiterzufriedenheit, Kulturentwicklung, Commitment und Führungsqualität.

Traditionelle Kennzahlen genügen nicht. Das ganze Feld des Personalcontrollings wird nur gültig abgebildet, wenn auch die Beurteilung von Standards und Indikatoren aus Mitarbeiterbefragungen dazukommen.

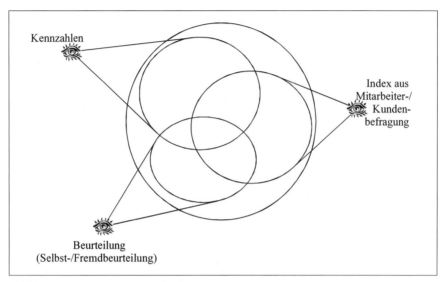

Abbildung 3: Messung von Personalrisiken

Um gesicherte Werte zu den „weichen" Dimensionen zu gewinnen, sind Mitarbeiterbefragungen unerlässlich. Der Autor hat deshalb eine neue Generation von Befragungen entwickelt, die es erlaubt, Indikatoren zu den wesentlichen Personalrisiken, zum Commitment und zur Führungsqualität zu gewinnen.

Aufgrund einer fundierten Früherkennung lassen sich die Personalrisiken zuverlässig evaluieren. Zusätzlicher Nutzen entsteht nicht durch mehr Informationen, sondern durch eine Beschränkung auf wenige „knackige" Messgrössen, die konsequent beachtet werden und etwas auszulösen vermögen. Dazu dient eine handlungsbezogene Verdichtung und Konkretisierung in einem Cockpit. Die Ergebnisse sollten möglichst auf einem Blatt so dargestellt werden, dass auf einen Blick ersichtlich wird, wo Handlungsbedarf besteht. Der Personalrisikoansatz stellt eine ideale Grundlage dar, um die erfolgsentscheidenden Messgrössen im Personalcontrolling zu definieren. Vgl. dazu Abbildung 4.

Der Balanced Scorecard-Ansatz wird als ganzheitliches Führungsinstrument zur ausgewogenen Abbildung relevanter Kennzahlen (Scores), die eine strategieorientierte Führung und Steuerung eines Verantwortungsbereiches erlauben, propagiert.

Er soll die Lücke zwischen Strategie und Umsetzung schliessen, d.h. die strategischen Ziele operationalisieren. Wenn eine Beschränkung auf die kritischen Erfolgsfaktoren stattfindet, können die Kräfte konzentriert und wirkungsvoll auf die strategischen und kulturellen Ziele ausgerichtet werden.

Im Grundmodell werden die Dimensionen „Finanzen", „Kunden", „Prozesse" sowie „Lernen und Innovationen" einbezogen. Diese Dimensionen werden meist 1:1 übernommen, statt dass sie unternehmensspezifisch angepasst würden. Meines Erachtens rechtfertigt sich auf alle Fälle eine eigenständige Dimension „Mitarbeitende". Eine Balanced Scorecard ist nur vollständig, wenn sie diese Dimension mit dem nötigen Gewicht einbezieht.

Für die Dimension „Mitarbeitende" ist es naheliegend, vom dargestellten Personalrisikomodell auszugehen.

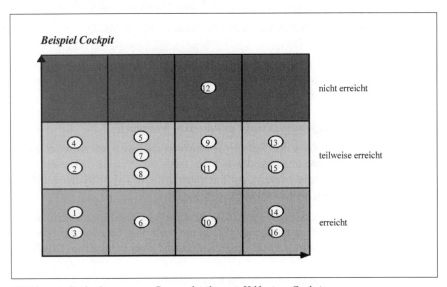

Abbildung 4: Früherkennung von Personalrisiken mit Hilfe eines Cockpits

5 Steuerung der Personalrisiken am Beispiel des Austrittsrisikos (Retentionsmanagement)

Unternehmen müssen sich darüber Gedanken machen, wie sie verhindern, dass ihre besten Leute das Unternehmen verlassen. Oft wird eine Kündigung sozusagen als höhere Gewalt akzeptiert. Man lässt gute Leute ziehen, statt aktiv und vorbeugend etwas dagegen zu unternehmen. Durch das mühsam wieder aufzubauende Know-how erwächst dem Unternehmen grosser Schaden.

Amerikanische Untersuchungen haben einen klaren Zusammenhang zwischen geringer Fluktuation und Wachstum bzw. Return-on-Investment aufgezeigt. Ähnliches wie für die Kundenbindung gilt für die Mitarbeiterbindung. Die Sicherung aktueller Mitarbeitender ist weit weniger aufwändig als die Investition in neue.

Um Mitarbeitende im Unternehmen zu halten, sind erfahrungsgemäss möglichst individualisierte und präventive Steuerungsmassnahmen am wirksamsten, denn die Unterschiede in der individuellen Motivation sind gross. Die Kunst besteht darin, wahrzunehmen, welches die gefährdeten Schlüsselpersonen sind und was ihnen wirklich wichtig ist. Es geht also darum herauszuspüren, wie dem einzelnen Mitarbeitenden seine Bedeutung für das Unternehmen gezeigt werden kann. Dazu sind regelmässige Mitarbeitergespräche mit den Schlüsselpersonen unterlässlich.

Die Felder allgemeiner Retentionsmassnahmen sind in der Abbildung 5 wiedergegeben.

Im einzelnen Fall kann es darum gehen, den Handlungsspielraum zu vergrössern, den Mitarbeitenden in interessante Projekte einzubeziehen oder sich durch eine besondere Kultur oder einen besonderen Teamgeist abzuheben.

6 Personalrisikomanagement erlaubt präventives Vorgehen

Während die Identifikation der Schwerpunktrisiken inklusive spezifischer Massnahmen für jedes Unternehmen unerlässlich ist, kann der Personalrisikoansatz, wie die folgenden Praxisbeispiele zeigen, im Zusammenhang mit verschiedenen Feldern der Personalarbeit hohen Nutzen bringen:

- Eine Bank ist sich bewusst geworden, dass ihr wichtige Grundlagen fehlen, um die Risiken sicher abschätzen zu können. Sie hat deshalb ihre traditionelle Personalplanung mit zukunftsbezogenen Fragestellungen und einer qualitativen Dimension ergänzt.

- Verschiedene Unternehmen haben den Personalrisikoansatz als ideale Grundlage entdeckt, um die richtigen Schwerpunkte im Personalcontrolling zu legen oder die Mitarbeiterdimension in der Balanced Scorecard zu formulieren.

- Ein grosses Dienstleistungsunternehmen hat den Schwerpunkt auf das Austrittsrisiko gelegt und griffige Retentionmassnahmen entwickelt.

- Eine öffentliche Verwaltung hat ihrerseits erkannt, dass die Führungsqualität verschiedene Risiken entscheidend beeinflusst. Sie hat deshalb Führungsgrundsätze mit Standards formuliert und misst auf dieser Grundlage die Führungsqualität.

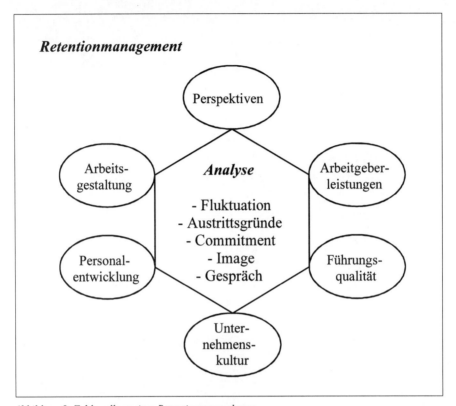

Abbildung 5: Felder allgemeiner Retentionmassnahmen

Je turbulenter die Zeit, desto wichtiger die Menschen. Der Unterschied zur Konkurrenz sind auch in Zukunft die Mitarbeitenden. Sie sind das Vermögen des Unternehmens und das, was das Unternehmen vermag.

Diese Einschätzung legt es nahe, die Personalrisiken ebenso fundiert anzugehen, wie das für andere Risiken schon lange üblich ist. Wer die Personalrisiken kennt, kann auch die Chancen, die in den Human Resources stecken, optimal nutzen. Früherkennung von Personalrisiken erlaubt präventives Handeln.

Literatur

KOBI, J.M.: Personalrisikomanagement, Gabler 1999.

Zur Entwicklung eines Personalinformationssystems für ein Internationales Personalcontrolling: Eine Herausforderung an ein Strategisches Management

Wilhelm Schmeisser/Jan Grothe

International agierende Unternehmen benötigen im Rahmen ihrer Mergers- and Acquisitions-Aktivitäten sowie ihrer Internationalisierungsstrategien auch ein Internationales Personalcontrolling. Dies ist erforderlich, um sich permanent ändernder Kundenbedürfnisse anzupassen und Aktionärsanforderungen im Sinne des Shareholder Values auf den globalen Kapitalmärkten zu begegnen. Folgerichtig geht mit der Globalisierung seit über einem Jahrzehnt auch die Forderung einher, derartige Unternehmen entsprechend dem Shareholder Value-Ansatz instrumentell zu führen.

Verstärkt wurde diese Forderung und Einsicht in Deutschland noch durch das Gesetz zur Kontrolle und Transparenz im Unternehmensbereich (KonTraG), das die Einführung eines internationalen Frühwarnsystems und von Stock Options-Programmen[1] erlaubt und damit (deutschen) internationalen Unternehmen ein materielles Anreiz- und Steuersystem für ihre Führungskräfte und Mitarbeiter im Sinne des Shareholder Value Ansatzes zur Verfügung stellt.

Allerdings bestehen immer noch sehr viele Missverständnisse und Probleme hinsichtlich des konkreten Vorgehens bei einer wertorientierten Steuerung. Analog diffus gehen damit Probleme einher, wenn man nach Art und Besonderheiten eines internationalen Personalcontrolling fragt.[2] Wer in der Literatur auf eine Antwort zum Komplex „Internationales Personalcontrolling" hofft, wird meist enttäuscht, da dieses Thema völlig ausgeklammert oder nur beiläufig gestreift wird, beispielsweise mit der internationalen Fehlzeitenentwicklung, der Entwicklung der internationalen Arbeitsproduktivität, den internationalen Entgeltmanagementsystemen oder der Evaluierung des internationalen Personaleinsatzes mit Kulturproblematiken der Länder vor Ort.

„Ob dieser Zustand mit dem substanziellen Realisierungsdefizit einer internationalen Personalpraxis zusammenhängt oder nicht – die Nachfrage nach praxistauglichen

---

[1] Vgl. SCHMEISSER; W.: (2001), S. 811 ff.

[2] Vgl. SCHMEISSER/CLERMONT/KRIENER (1997), S. 529 ff., SCHMEISSER, W./CLERMONT, A. (1999), SCHMEISSER, W./CLERMONT, A./PROTZ, A. (1999) und DGFP (Hrsg.) (2001), S. 188.

Konzepten für ein internationales Personalcontrolling besteht."[3] Es muss entsprechend der Frage nachgegangen werden, wie ein Personalinformationssystem inhaltlich betriebswirtschaftlich aufgebaut sein müsste, um den potenziellen Anforderungen eines Internationalen Personalcontrolling gerecht zu werden.

1 Zur Beschreibung und Definition eines Internationalen Personalcontrolling

Voraussetzung für die Anerkennung des Internationalen Personalcontrolling als betriebswirtschaftliche Teildisziplin ist die Abgrenzung einer eigenständigen Problemstellung, die zum eigenen Erkenntnisgegenstand und Praxisanwendungsfeld erhoben werden kann. Entsprechend muss einer Internationalen Personalcontrollingkonzeption eine eindeutig abgegrenzte internationale und personalwirtschaftliche Problemstellung zugrunde gelegt werden, für die es alternative Lösungsansätze geben kann. Mit der personalwirtschaftlichen, international orientierten Problemstellung können verschiedene Unternehmensziele verfolgt werden.

Unter einer Internationalen Personalcontrollingkonzeption wird im Folgenden ein gedanklicher Bezugsrahmen/Ansatz zur zielorientierten Lösung einer spezifischen Problemstellung eines Internationalen Personalcontrolling verstanden.

Internationales Personalcontrolling umfasst dabei die Gesamtheit der internationalen Personalaufgaben, die der zielorientierten Koordination von international wirkenden Führungsentscheidungen eines Konzerns dienen, um durch ihre Umsetzung von Koordinationskonzepten die internationale Ausrichtung des Konzerns zu gewährleisten sowie die Informationsversorgung der Unternehmensführung auf internationaler Ebene sicher zu stellen.

Dabei bietet sich die Controllingkonzeption des Management Control an, da sie weitgehend mit den Intentionen des KonTraG konform geht, wie im Weiteren noch aufgezeigt wird. Beim Management Control handelt es sich um ein Teilgebiet des Management Accounting[4], dessen spezifische Problemstellung u.a. auch in der Koordination von internationalen Führungsentscheidungen sowie in der zielorientierten Beeinflussung des Verhaltens/Handelns von internationalen Führungskräften auf untergeordneten Konzernebenen der weltweiten Führungsorganisation gesehen wird. Die Lösung dieser spezifischen Internationalen Personalcontrollingproblemstellung wird teilweise auf die Versorgung der internationalen Unternehmensführung mit Informationen begrenzt. Management Control wird aber auch mit der Umsetzung und dem Einsatz von internationalen Koordinationskonzepten verknüpft. Management Control sieht ebenso eine internationale Berichterstattung gegenüber unternehmensexternen Interessenten (z.B. Aktionären, Shareholder Value-Gedanke) und eine

---

[3] DGFP (Hrsg.) (2001), S. 188 f.

[4] Vgl. ATKINSON u.a.

internationale Interne Revision vor. Damit bildet das KonTraG eine rechtlich-betriebswirtschaftliche Grundlage eines Internationalen Personalcontrolling.

2.1 Ziele eines Internationalen Personalcontrolling

Der Problemlösungsansatz einer Internationalen Personalcontrollingkonzeption mit der internationalen Entscheidungskoordination als spezifische Controllingproblemstellung wird im vorliegenden Ansatz in

- der Implementierung von internationalen Konzepten der Entscheidungskoordination und Organisation im Konzern sowie

- der Sicherung der Informationsversorgung der internationalen Personalführung

gesehen.

2.2 Aufgaben eines Internationalen Personalcontrolling

Nach dem Bezug zu einer internationalen Personalentscheidung können die Personalaufgaben zwei Bereichen zugeordnet werden:

- der Systemgestaltung sowie

- der Prozessunterstützung.

Die systemgestaltenden, internationalen Personalaufgaben beziehen sich nicht auf eine konkrete operative oder strategische Entscheidung, sondern auf Entscheidungen, die zukünftig regelmäßig mit ausländischen Tochterunternehmen zu treffen sind. Für diese internationalen Personalentscheidungen werden Koordinationssysteme gestaltet, um die Anwendung geeigneter Koordinationskonzepte und ihrer Wirkung aus Sicht des Mutterunternehmens im Konzernverbund zu gewährleisten.

Bei einem internationalen Koordinationssystem im Personalbereich handelt es sich um die Gesamtheit der personalwirtschaftlichen Methoden, Modelle, technischen Hilfsmittel (Hardware, Personalinformationssoftware), internationaler Personalprozesse sowie Personalträger dieser Prozesse bei der Anwendung eines solchen internationalen Koordinationskonzeptes.

Bei der Ausgestaltung dieses internationalen Koordinationssystems werden zielorientierte Konzernregelungen zur Verteilung und Erledigung von internationalen Personalaufgaben bei Anwendung von Koordinationskonzepten formuliert und schriftlich dokumentiert. Beispiele für internationale Koordinationssysteme sind Personalplanungs- und Steuersysteme im weltweiten Konzern, Budgetierungs-, Lenkbzw. Verrechnungspreissysteme im Konzernverbund sowie internationale Anreizund flexible Entgeltmanagementsysteme.

Die Gestaltung eines derartigen internationalen Koordinationssystems sollte darum immer mit der Einrichtung und Entwicklung eines internationalen Personalinformationssystems verbunden werden, das die bei der Anwendung dieses Koordinationskonzeptes im weltweiten Konzernverbund regelmäßig benötigten Personalinformationen bereitstellt.

Personalinformationssysteme umfassen somit die Prozesse der Personalinformationsgewinnung, -auswertung und -übermittlung, die Personalträger dieser Prozesse sowie Informations- und Kommunikationsbetriebsmittel, Instrumente, Methoden und Modelle zur routinemäßigen Bereitstellung genau abgegrenzter Personalinformationen für die internationale Unternehmensführung im Konzern.

Zu den systemgestaltenden Aufgaben des Internationalen Personalcontrolling zählen somit

- die Systemgestaltung und -steuerung von Koordinationssystemen, Personalinformationssystemen sowie
- das internationale Projektmanagement unter besonderer Berücksichtigung internationaler Teambildung.

Zu den prozessunterstützenden Aufgaben des Personalcontrolling gehören koordinierende und informationsversorgende Personalaufgaben in der konkreten Entscheidungssituation. Zu den prozessunterstützenden Personalcontrollingaufgaben zählen

- das Management von Koordinationsprozessen im Konzern sowie
- die problemspezifische Personalinformationsbereitstellung.

2 Zur Idee vom Einsatz von Personalinformationssystemen im Internationalen Personalcontrolling

Personalinformationssysteme sind sozio-technische Systeme, die aus menschlichen und maschinellen Komponenten bestehen. Ein total automatisiertes, gesamtbetriebliches (Personal-) Informationssystem ist derzeit nicht realisierbar, weil alle Informationsprozesse in einem international agierenden Unternehmen nicht programmierbar und damit nicht automatisierbar sind. Hintergrund sind zum einen die inhaltlichen Personalinformationen, die controllingartig erfasst werden sollen, und die sprachlichen Informationen von möglicherweise 50 und mehr (Fremd-) Sprachen, die auch Übersetzungs-, Vergleichbarkeits- und Wirtschaftlichkeitsprobleme aufwerfen.

Es ist deshalb notwendig, Prämissen für die weiteren Überlegungen zum Internationalen Personalcontrolling einzuführen und sich anhand ausgewählter Beispiele, die zu einem effektiven und effizienten internationalen Personalcontrolling beitragen könnten, den konkreten betriebswirtschaftlichen Inhalten anzunähern.

(1) Es wird aus Vereinfachungsgründen von einem deutschen, börsennotierten Konzern ausgegangen, der international tätig ist, Direktinvestitionen im Ausland nicht nur als Portfoliomanagement versteht, sich eines eigenen internationalen Personalmanagements bedient, um evtl. als Global Player aktiv bei der Implementierung seiner Strategien bei den Auslandstöchtern einzugreifen.

(2) Im Kontext eines Internationalen Personalcontrolling werden also ausländische Aktivitäten untersucht, „...die in einem inhaltlichen Zusammenhang mit den Aktivitäten des Stammhauses stehen. So wird davon ausgegangen, dass Personen, Produkte, Geld, Know-how und/oder Informationen zwischen Stammhaus und ausländischen Niederlassungen transferiert werden. Nur wenn Aktivitäten in den ausländischen Unternehmenseinheiten durchgeführt werden, die in einem interdependenten Zusammenhang mit dem Geschäft des Stammhauses bzw. des Gesamtunternehmens stehen, ist eine Unterstützung durch entsprechende personalwirtschaftliche Maßnahmen wichtig. Handelt es sich bei den ausländischen Direktinvestitionen dagegen lediglich um Portfolio-Investitionen, die aus einem Renditemotiv getätigt werden, haben sie für die Personalfunktion der Unternehmung in der Regel keine Konsequenzen."[5]

(3) Begründen kann man diese ausländischen Aktivitäten der Konzernmutter unter anderem damit, dass der Erwerb, der Verkauf, die Gründung und der Aufbau von Unternehmenstöchtern im Ausland mit dem Ziel erfolgt, die Konzernaktivitäten der Wertschöpfungskette zu verlagern, die nach PORTER unterstützende Maßnahmen im Bereich Human Ressource Management benötigen.

(4) Ziel der Konzernmutter ist eine Managementkontrolle mittels Strategien, Organisationsstrukturen, Managern und einem (Personal-) Controllingsystem.

(5) Ein Internationales Personalcontrolling sollte sich eines Anwendungssystems wie SAP[6], Peoplesoft[7] bedienen, mittels einer Umgangs- und Dienstsprache nämlich Englisch oder Deutsch, um die Effektivität, Effizienz und Risikofaktoren der Auslandsaktivitäten mit Hilfe der externen und internen (internationalen) Rechnungslegung zu erheben, zu erfassen, zu verarbeiten und auszuwerten.

(6) Ein Internationales Personalcontrolling, das hilft, ein akzeptiertes, sachgerechtes und wirtschaftliches internationales Gehaltsystem von Oberen und mittleren Führungskräften weltweit aufzubauen und permanent die einzelnen Bestandteile kontrolliert.[8]

---

[5] WEBER/FESTING/DOWLING/SCHULER (1998), S. 3.

[6] Vgl. MÜLDER (2001), S. 457 ff.

[7] Vgl. KRAWINKEL (2001), S. 447 ff.

[8] Vgl. BRINKKÖTTER (1997), S. 413 ff. und S. 429 ff., BEYNIO,W./KRIEGER, W. (1998), S. 353 ff., ROSEN (1998), S. 341 ff., BRINKKÖTTER (2000), S. 663 ff.

Folgt man schließlich auch den praxisnahen Empfehlungen des DGFP-Arbeitskreises darin, dass das Internationale Personalcontrolling als eine Sonderform des „nationalen Personalcontrolling" zu verstehen ist[9], dann können einzelne Funktionen mittels Benchmarking sowie zwecks Wirtschaftlichkeits- und Rentabilitätsüberlegungen permanent controllingseitig verfolgt werden. Dazu gehören die Personalfunktionen

- Personalrekrutierung und Auswahl,
- Personalentwicklung mit kulturellem sowie sprachlichem Training,
- Kompensation und Anreizgestaltung im Rahmen eines Entgeltmanagementsystems,
- Führung und (Unternehmens-)Kultur sowie
- Internationale Arbeitsbeziehungen.

Erst durch eine derartige Verfolgung der Personalfunktionen können z.b. Unterstützungsleistungen für Auslandsentsendungen gegeben und Potenzialerkennung und Personalentwicklung von (obersten) potenziellen Führungskräften im Konzern langfristig möglich werden.

3   Systemunterstützung im Prozess der Gewinnung von Personalinformationen mittels KonTraG

Personalinformationssysteme aufbauen heißt, Informationsprozesse der internationalen Konzernaktivitäten, besonders der internationalen Personalaktivitäten, IT-unterstützt abzubilden. Personalinformationsprozesse dienen der Transformation von Rohdaten in aussagefähige, entscheidungsorientierte, unternehmenspolitische Informationen. Anders ausgedrückt, dienen sie der Überbrückung zwischen (ursprünglichem) Informationsangebot in den ausländischen Unternehmenseinheiten des Konzerns weltweit und letztlich zu befriedigendem Informationsbedarf des Stammhauses bzw. der Investoren des amtlich börsennotierten Konzerns, d.h. den Anforderungen der (internationalen) Rechnungslegung. Gerade das Gesetz zur Kontrolle und Transparenz im Unternehmensbereich (KonTraG)[10] kann hier für ein Internationales Personalcontrolling den formalen Kontext und einen ersten inhaltlichen Rahmen geben.

Ziel des Gesetzes ist es, die Kontrolle und die Transparenz im Bereich der amtlich börsennotierten Kapitalgesellschaften zu verbessern.

Der Prüfungsumfang der gesetzlichen Abschlussprüfung wird in dem durch das KonTraG neu formulierten § 317 HGB sowohl für die Einzelabschluss- als auch für

---

[9] Vgl. DGFP (Hrsg.) (2001), S. 108 f.

[10] Vgl. SCHMEISSER (2001), S. 811 ff.

die Konzernabschlussprüfung vollständig neu gefasst. Die Neuerungen liegen im Wesentlichen:

- in der Ausrichtung der Prüfung auf Unrichtigkeiten und Verstöße gegenüber gesetzlichen Vorschriften und sie ergänzende Bestimmungen des Gesellschaftsvertrags oder der Satzung (§ 317 Abs. 1 S. 3 HGB),

- in der Ausdehnung der Prüfungspflichten in Zusammenhang mit dem Lagebericht (§ 317 Abs. 2 HGB) sowie

- in der Prüfungspflicht hinsichtlich des nach § 91 Abs. 2 AktG einzurichtenden Überwachungssystems bei amtlich notierten Aktiengesellschaften (§ 317 Abs.4 HGB).

(1) Nach § 317 Abs. 1 S. 3 HGB ist die Prüfung so anzulegen, dass Unrichtigkeiten und Verstöße gegen gesetzliche Vorschriften, Gesellschaftsvertrag oder Satzung erkannt werden. Gemeint sind damit nur solche Verstöße, die sich auf das nach § 264 Abs. 2 HGB zu vermittelnde Bild der Vermögens-, Finanz- und Ertragslage des Unternehmens wesentlich auswirken.

Verstöße sind bewusste Abweichungen von den für die Aufstellung des Jahresabschlusses oder des Lageberichts geltenden Rechnungslegungsgrundsätzen im Sinne des § 317 Abs. 1 S. 2 HGB. Beispiele von Verstößen, die einen wesentlichen Einfluss auf den (Konzern-) Jahresabschluss haben können, sind: Verstöße von Managern gegen Vorschriften der ausländischen Unternehmenseinheit, die die Geschäftätigkeit im Gastland in Frage stellen, aber auch gegen Vorschriften die gegen Zulassungen und Lizenzen verstoßen, Verstöße gegen Vorschriften über Form und Inhalt des Jahresabschlusses und Verstöße gegen Umweltschutzbestimmungen, die eine Beseitigungspflicht und damit handelsrechtlich eine Rückstellungspflicht auslösen.

Weitere typische Beispiele für Bilanzfälschungen, Unregelmäßigkeiten bzw. Gesetzesverstöße von Managern auch in ausländischen Niederlassungen aus dem Bereich der Vorräte sind: Ausweis von Vorräten in der Bilanz, obwohl diese nicht bzw. nicht mehr im Eigentum des Unternehmens stehen, Ausweis von nicht existenten Vorräten, leere Behälter, Hinzufügen von Wasser in Ölbehältern und Umbuchungen von Kosten, die bereits bei abgeschlossenen Aufträgen angefallen sind, auf neue Aufträge.

Bei Anzeichen von Fehlern, Täuschungen, Vermögensschädigungen und sonstigen Gesetzesverstößen ist vom Abschlussprüfer zu beurteilen, welche Umstände dazu geführt haben und welche Auswirkungen sich auf den Abschluss ergeben, aber ebenso vom internationalen Personalcontroller, welchen Bericht er der Geschäftsführung der nationalen Unternehmenseinheit oder der Konzernspitze über personales Fehlverhalten vorlegen muss.

(2) Die Prüfung des Lageberichts hat sich nach § 317 Abs. 2 HGB auf folgende Bereiche zu erstrecken:

- Übereinstimmung des Lageberichts mit dem Jahresabschluss und mit den während der Prüfung gewonnenen Erkenntnissen,
- Vermittlung einer insgesamt zutreffenden Vorstellung von der Lage des Unternehmens und
- zutreffende Darstellung der Risiken der zukünftigen Entwicklung.[11]

Diejenige Neuerung in Verbindung mit der Prüfung des Lageberichts, die die höchsten Anforderungen stellt, ist die Prüfung, ob die Risiken der künftigen Entwicklung des Konzerns, beeinflusst durch einen Außenumsatz der oft zwischen 40-90% des Gesamtumsatzes ausmachen kann, zutreffend dargestellt sind. Damit macht der Gesetzgeber deutlich, dass zur Prognose der Unternehmensentwicklung im Lagebericht nicht nur die Chancen, sondern auch Risiken gehören. Es wird mit dieser Anforderung deutlich, dass die Unternehmen in der Vergangenheit der Forderung nach einer den tatsächlichen Verhältnissen entsprechenden Berichterstattung nach Auffassung des Gesetzgebers nicht vollständig nachgekommen sind. Der Gesetzgeber steigert damit die Anforderungen an den Lagebericht im Hinblick auf die Bereitstellung entscheidungsrelevanter Informationen, die auch vom (internationalen) Personalcontrolling mit erbracht werden müssen, wenn sie wachstumsgefährdend sind. Die Berichterstattung im Lagebericht des Konzerns ist dadurch umfassender, verglichen mit dem Jahresabschluss, weil zukunftsorientierte Sachverhalte berücksichtigt werden müssen, die auch die Auslandsaktivitäten verbunden mit den Human Ressourcen betreffen können. Erinnert sei an dieser Stelle nur an die Greencard-Diskussion im Informations- und Kommunikationstechnikbereich.

Für die Fortbestandsprognose ist regelmäßig von einem Zeitraum von zwölf Monaten auszugehen, gerechnet vom Abschluss-Stichtag. Für alle übrigen wesentlichen Risiken, wie die voraussichtliche Entwicklung bei maßgeblichen Auslandsaktivitäten, soll ein Prognosezeitraum von zwei Jahren sachgerecht sein. Im Einzelfall kann es bei (Auslands-) Geschäften, die ein Unternehmen über einen längeren Zeitraum Risiken aussetzen, notwendig sein, einen entsprechend längeren Prognosezeitraum zugrunde zu legen.[12]

Der Begriff des Risikos wird vom Gesetzgeber weder im Gesetzestext noch in der Gesetzesbegründung näher konkretisiert. In der betriebswirtschaftlichen Literatur wird der Risikobegriff nicht einheitlich verwendet.[13] Unter Risiko im Sinne des

---

[11] Vgl. SCHINDLER/RABENHORST (1998), S. 1986 ff.

[12] Vgl. Arbeitskreis Schmalenbach-Gesellschaft für Betriebswirtschaft e.V. (2000), S. 7.

[13] Vgl. BAETGE/SCHULZE (1998), S. 937 ff.

§ 289 HGB wird die Möglichkeit ungünstiger, künftiger Entwicklungen verstanden, die mit einer erheblichen Wahrscheinlichkeit erwartet werden. Risiko wird als die Möglichkeit der Gefahr von Verlusten im Rahmen der Geschäftstätigkeit verstanden. Es bedeutet ein negatives Abweichen der Unternehmensentwicklung von geplanten Größen. Es resultiert aus der generellen Unsicherheit zukünftiger Ereignisse, die mit einem unvollständigen Informationsstand verbunden sind.[14] Im weitesten Sinne lässt sich der Ausdruck „Risiko" als Unsicherheit umschreiben. Unsicherheiten, d.h. mögliche Abweichungen von erwarteten Werten, bestehen auf allen Ebenen der Geschäftstätigkeit, als auch im internationalen Personalmanagementbereich und den dazugehörenden Auslandsaktivitäten.

Zu den möglichen Unsicherheiten zählen u.a. Änderungen von politischen und ökonomischen Faktoren in den einzelnen Ländern, in denen das Unternehmen tätig ist, wie Wechselkurse, Inflationsraten und Steuern, Änderung der Branchenstruktur durch neue Wettbewerber oder neue Technologien und nicht vorhergesehenen Rechtstreitigkeiten, Reklamationen oder Klagen, die von den Mitarbeitern und Führungskräften bewältigt werden müssen oder evtl. durch sie ausgelöst worden sind.

Nach § 91 Abs. 2 AktG muss der Vorstand ein Überwachungssystem einrichten. Der Vorstand hat für ein angemessenes Risikomanagement und für eine angemessene interne Revision zu sorgen. Ziel des Risikomanagement- und Überwachungssystems ist die Früherkennung von Risiken. Den verantwortlichen Unternehmensorganen soll die rechtzeitige Einleitung geeigneter Maßnahmen zur Unternehmenssicherung ermöglicht werden.

Nach § 91 Abs. 2 AktG hat der Vorstand geeignete Maßnahmen zu treffen und damit ein Überwachungssystem einzurichten, damit die den Fortbestand der Gesellschaft gefährdenden Entwicklungen früh erkannt werden. Die Beachtung dieser Bestimmung ist Gegenstand der Prüfung des Wirtschaftsprüfers nach § 317 Abs. 4 HGB.[15] Da das vom Vorstand nach § 91 Abs. 2 AktG ein- und fortzuführende Risikofrüherkennungssystem auf die Früherkennung bestandsgefährdender Entwicklungen ausgerichtet sein muss, ist auch nur dieser Teilaspekt des gesamten Risikomanagementsystems der Gesellschaft Gegenstand der Prüfung. Die Abgrenzung dieses Teilaspekts erfolgt durch die von der Gesellschaft vorzunehmende Festlegung der Risikofelder, die zu bestandsgefährdenden Entwicklungen führen können.

---

[14] Vgl. Bitz (2000), S. 13.

[15] Vgl. SCHARF (1999), S. 180.

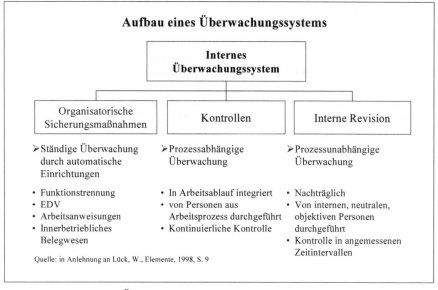

Abbildung 1: Aufbau eines Überwachungssystems

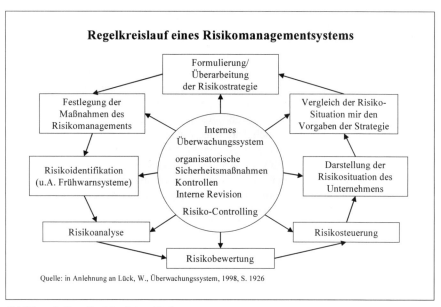

Abbildung 2: Regelkreislauf eines Risikomanagementsystems

Da international agierende Unternehmen maßgeblich ihren Umsatz im Ausland erbringen, ist internationale Personalarbeit und -führung als Risikofeld per se gegeben, und dieses begründet sicherlich nicht zuletzt, auch das Internationale Personalcontrolling als Risikofeld in aggregierter bzw. disaggregierter Form im Risikomanagementsystem genauer zu beleuchten.

Das Risikomanagementsystem hat sicherzustellen, dass bestehende Risiken (risikoreiche Auslandsaktivitäten in Verbindung mit Personalaktivitäten) erfasst, analysiert und bewertet werden und, dass die risikobezogenen Informationen an die Entscheidungsträger weitergeleitet werden. Zum Risikomanagement gehört auch ein Überwachungssystem (z.B. Internationales Personalcontrolling), das die Einhaltung der Vorgaben überwacht. Das Risikofrüherkennungssystem im Sinne des § 91 Abs. 2 AktG hat sicherzustellen, dass diejenigen Risiken, die den Fortbestand des Unternehmens gefährden können, früh erkannt werden. Es ist vom Wirtschaftsprüfer auszuführen, ob der Vorstand die ihm obliegenden Maßnahmen erfüllt.

Die Existenz der vom Vorstand getroffenen Maßnahmen prüft der Abschlussprüfer anhand entsprechender Dokumentationen, Organisationsanweisungen und seinen eigenen Feststellungen im Rahmen der Prüfung des internen Kontrollsystems.[16] Die Dokumentation ist zwingend erforderlich. Ohne diese Unterlagen kann der Abschlussprüfer die Einhaltung der gesetzlichen Verpflichtung nur im Rahmen einer Organisationsprüfung feststellen. Eine solche Prüfung ist mit einem hohen Aufwand verbunden. Aus der Dokumentation sollen das generelle Vorgehen, Maßnahmen der Risikoidentifikation, Risikomessung, Risikosteuerung, festgelegte Verantwortlichkeiten sowie Schulungsmaßnahmen für die Mitarbeiter hervorgehen. Die Prüfung der Dokumentation erfolgt durch die Einsichtnahme in die Dokumentationsunterlagen, durch die Analyse des Berichtswesens als auch durch die Befragung leitender Mitarbeiter. Die Dokumentation erfüllt folgende Aufgaben:

- Die Unternehmensleitung kann bei Eintritt einer Unternehmenskrise ihr pflichtgemäßes Verhalten nachweisen (Rechenschaftsfunktion).
- Die Dokumentation ist erforderlich, um die Einhaltung der Maßnahmen des Risikomanagement im Zeitablauf sicherzustellen (Sicherungsfunktion).
- Die Dokumentation ist die Grundlage und Voraussetzung für die Prüfung des Überwachungssystems (Prüfbarkeitsfunktion).[17]

Die Zweckentsprechung der getroffenen Maßnahmen hat der Abschlussprüfer danach zu beurteilen, ob sie bezogen auf die jeweilige Risikosituation des Unternehmens sowie Größe und Komplexität der Unternehmensstruktur angemessen sind. Die

---

[16] Vgl. ADLER/DÜRING/SCHMALTZ (2000), Teilbd. 7, S. 123 f.
[17] Vgl. KROMSCHRÖDER/LÜCK (1998), S. 1573 ff.

Maßnahmen müssen insgesamt geeignet sein, Risiken der künftigen Entwicklung frühzeitig zu erkennen und intern zu besprechen, so dass der Vorstand reagieren kann. Die Zweckmäßigkeit ist daran zu messen, ob das Überwachungssystem den Zielen bzw. der Strategie des Unternehmens gerecht wird. Des Weiteren wird es bedeutend sein, wie die Berichterstattung von Risikopotenzialen z.b. Häufigkeit, Beurteilung der Risiken durch Sensitivitätsanalysen oder Worst Case Betrachtungen erfolgt. Die Zweckmäßigkeit des Systems, seine Angemessenheit und die Eignung bemisst sich anhand der Größe, der Struktur und des Umfeldes des Unternehmens.

Überwachung des Risikomanagementprozesses durch das Interne Überwachungssystem

> Kontinuierliche Analyse des Risikomanagementprozesses

Präventivfunktion

> ➢ Obliegt allen Bestandteilen des IÜS
> ➢ Vermeidung potenzieller Risiken
> ➢ Minimierung der möglichen Schadenshöhe bestehender Risiken

Korrekturfunktion

> ➢ obliegt vor allem der Internen Revision
> ➢ Entwicklungs- und Installationsphase: Prüfung von Vollzug u.
>   Wirksamkeit des Systems
> ➢ Nach Implementierung: Funktionsprüfung

Abbildung 3: Überwachung des Risikomanagementprozesses

Überträgt man die Anforderungen des KonTraG auf das Risikofeld „Internationales Personalcontrolling" so ist hier noch viel Kreatives zu leisten. Z.B. Wie sieht ein internes Überwachungssystem „Internationales Personalcontrolling" aus, wie werden die Risiken identifiziert und erfasst, was sind typische Frühindikatoren in diesem Risikofeld, welche typischen Kennzahlen bieten sich an, um ein direktes oder indirektes Messen zu ermöglichen. Wie sieht ein regelmäßiger Bericht für den Vorstand aus, wie weit lassen sich die Aspekte des Internationalen Personalcontrolling mit dem internen und externen Rechnungswesen vereinbaren, um dem KonTraG zu genügen?

4 Zum stufenweisen Aufbau von internationalen Personalinformations-Controlling-Systemen als Entscheidungshilfe

Für SCHERM/PIETSCH/SÜß[18] gibt es drei verschiedene Konzeptionen des Controlling, und zwar das rechnungswesenorientierte, das informationsorientierte und das koordinationsorientierte, aus denen sich die Ziele und Aufgaben und Instrumente eines Internationalen Personalcontrolling ableiten. Leider bleiben sie bei ihrem Ansatz recht allgemein, so dass keine konkreten Kennzahlen daraus abgeleitet werden können.

4.1 Ziele eines internationalen Personalinformationssystems als Personalcontrollingkonzept

„Auf der Managementebene wird im Rahmen der Funktionen Planung, Organisation, Personalbereitstellung und Personalführung die Selektionsaufgabe wahrgenommen. Demgegenüber ist die umfassende Reflexionsaufgabe der Funktion Controlling zuzuordnen. Controlling als Managementfunktion lässt sich damit kennzeichnen als Reflexion von Entscheidungen, die im Rahmen der anderen Managementfunktionen vor dem Hintergrund des gesamten Zielsystems eines Unternehmens getroffen werden."[19]

„Management in funktionaler Sicht bedeutet Entscheidungen treffen, sie durchzusetzen und zu hinterfragen sowie Verantwortung für getroffene Entscheidungen zu übernehmen. Sie müssen nicht zwingend auf der Basis eines rationalen Kalküls, sondern können auch intuitiv zustande gekommen sein. Für die Erfüllung dieser Managementaufgabe(n) sind in jedem Fall Informationen notwendig. Die Beschaffung, Aufbereitung und Bereitstellung dieser Informationen kann als Führungs- bzw. Managementunterstützung (im Sinne einer Controllingfunktion, d. Verf.) angesehen werden."[20] Welche Informationen dies sein können schreiben die Autoren leider nicht, auch weitergehende Konkretisierungen anhand von qualitativen oder quantitativen Kennzahlen oder etwas Ähnlichem erfolgt nicht.

Jedoch sind einige Anmerkungen zumindest im Kontext des internationalen Personalcontrolling interessant, nämlich, „ ... dass neben die auch weiterhin bedeutsame Perspektive der einzelnen – nationalen – Unternehmenseinheit eine, nicht minder wichtige, gesamtunternehmensbezogene internationale Perspektive treten muss.

---

[18] Vgl. SCHERM/PIETSCH/SÜß (2000), S. 396 ff.

[19] SCHERM/SÜß (2001), S. 360.

[20] Dieselben, S. 358.

Zwar findet in den internationalen Unternehmen auch weiterhin der Wettbewerb auf
einzelnen, jeweils nationalen Märkten statt, jedoch müssen auf internationaler Ebene
spezifische Wettbewerbsvorteile geschaffen und genutzt werden, um längerfristig
gegenüber den nationalen und internationalen Konkurrenten auf diesen Märkten
bestehen zu können. Deshalb kann man auch bei starker Dezentralisierung und Differenzierung nicht vollständig auf eine zentrale Steuerung der Unternehmensaktivi-
täten verzichten, da nur so Skaleneffekte (economies of scale), Verbundeffekte (economies of scope) und nationale Unterschiede genutzt werden können, aus denen sich
Wettbewerbsvorteile generieren lassen. Es ist jedoch nicht auszuschließen, dass –
zum Teil erhebliche – Divergenzen zwischen den gesamtunternehmensbezogenen
Zielen (der Unternehmenszentrale) und den Länder(markt)bezogenen Zielen der
Unternehmenseinheiten bestehen. Führen diese zu einer unterschiedlichen Bewertung der Situationen, Handlungsalternativen und Handlungsergebnissen sind Kon-
flikte vorprogrammiert, gleichzeitig machen solche Perspektivenunterschiede aber
auch den Reflexionsbedarf dieser Entscheidungen deutlich. In jedem Fall muss aber
sichergestellt sein, dass bei solchen gesamtunternehmensbezogenen Entscheidungen
auf die relevanten Informationen aus den Auslandsentscheidungen zugegriffen werden kann."[21]

Leitet man aus den obigen Aussagen die Inhalte eines Internationalen Personalcontrolling für entsandte Führungskräfte konkreter ab, so ergeben sich folgende Ziele:

1. Prüfung der Führungskräfte auf allen Ebenen des Konzerns im In- sowie im Ausland daraufhin, ob diese für weitergehende Führungsaufgaben auf den nächst
   höheren Ebenen in Betracht kommen, insbesondere bei Steuerungsbedarf durch
   die Konzernmutter.

2. Nachweis, dass die Führungskraft Funktionsinteressen wie das Marketing, die
   Forschung und Entwicklung, die Produktion mit Länderinteressen und internationalen Interessen der Muttergesellschaft im Rahmen von operativen und strategischen Wettbewerbsstrategien und Wertschöpfungsprozessen ausgleichen kann.

3. „Die primären Gründe für Fehlschläge bei multinationalen Operationen sind auf
   Mängel im Verständnis der wesentlichen Unterschiede auf allen Ebenen des Personalmanagements in einer fremden Umgebung zurückzuführen."[22] Hier ist zu
   fragen, inwiefern einzelne Funktionen des Internationalen Personalmanagements
   nicht wahrgenommen worden sind bzw. auf welche Weise diese helfen können,
   die Führungskraft zu entwickeln.

4. Das Internationale Personalcontrolling muss im Gegensatz zu SCHERMS Verständnis in eine rechnungswesenorientierte, weltweite Controllingkonzeption, z.B. nach

---

[21] Dieselben, S. 362.

[22] DESTANICK/BENNETT 1978, zitiert nach WEBER/FESTING u.a., S. 11.

US-GAAP für börsennotierte Unternehmen, eingebunden sein, da sonst das KonTraG mit der Risikobetrachtung als Maßstab des Mutterkonzerns in Frage gestellt werden würde.

Das internationale Personal(informations)controlling ist nur im Zusammenhang mit den einzelnen nationalen Personalinformationscontrollingsystemen möglich, d.h. dass sie sich folglich überlagern müssen und nicht als zwei getrennte Systeme geführt und betrachtet werden dürfen. Dies lässt sich sicherlich am Besten an einem Internationalen Entgeltmanagementsystem demonstrieren, will man eine Entgeltgerechtigkeit national und international/weltweit im Konzern erreichen.

5. Das Internationale Personalcontrolling muss überprüfen, inwiefern PeopleSoft-Software, SAP-Software usw. als Personalinformationssysteme hier weltweit Hilfestellung geben können bzw. inwiefern hier Eigenentwicklungen des Unternehmens erforderlich sind.

Mit anderen Worten: Auch hier ist noch erhebliche Aufbauleistung sowohl von den Unternehmen als auch von der Wissenschaft zu leisten.

4.2 Funktionale Ausgestaltung des Internationalen Personalcontrolling

Internationales Personalcontrolling ist demnach ein Geflecht aus (nationalem) Personalcontrolling im engeren Sinne und anderen funktionalen und projektorientierten Controlling-Typen wie F&E-Controlling, Produktions-Controlling, Logistik-Controlling und Marketing-Controlling weltweit, woraus Risiken aber auch Chancen im Koordinationskonzept der Unternehmensführung erwachsen. Nur so gefährdet man die internationalen Wettbewerbsstrategien und Wettbewerbsvorteile des Konzerns nicht.

Ziel eines Forschungs- und Entwicklungscontrollings mit einem nationalen/internationalen Personalcontrolling muss eine vollständige Transparenz im nationalen/internationalen Technologiemanagement sein, und zwar bezüglich der Frage, ob das Unternehmen genug High Professionals mit entsprechenden Kompetenzen hat, um künftige Erfolgspotenziale des Unternehmens sichern zu können. Dies ist erforderlich im Hinblick auf projektorientierte F&E-Aktivitäten und Mitarbeiter, bezüglich (Entgelt-/Personal)Kosten und Zielerreichungsgraden gemessen z.B. in Patenten, um entsprechende Abweichungen zu steuern.

Netzwerkstrukturen von international tätigen Unternehmen stellen neue Herausforderungen an das internationale Personalmanagement dar, wie dies PERLITZ[23] am Beispiel von General Motors mit dem entsprechenden Produktions- und Logistiknetzwerk verdeutlicht. Wenn die Teile eines Autos weltweit gefertigt und montiert wer-

---

[23] Vgl. PERLITZ (1997), S. 231 ff.

den, dann sind technologieorientierte Unternehmen in besonderem Maße auf ein differenziertes Produktions-Controlling in Verbindung mit einem Personalcontrolling angewiesen, denkt man nur an die Zielgrößen (Personal-) Kosten und deren Zusammensetzung sowie Produktivität, die z.b. durch Krankenstand, Fehlzeiten, Fluktuation, Technologieeinsatzmöglichkeiten bei unterschiedlichen Qualifikationen der Belegschaft beeinflusst werden. Ferner sind Produktionsmenge bei unterschiedlichen Arbeitszeitmodellen und kulturellen, gesellschaftlichen, politischen und rechtlichen Beschränkungen sowie die Sicherung der Qualität mittels unterschiedlichen Total Quality Management-Modellen und Instrumenten in Verknüpfung mit Weiter- und Personalentwicklungsansätzen als Einflussfaktoren zu betrachten.

Eng verbunden mit den internationalen Netzwerkstrukturen ist die Logistik-Leistung, die an der Erreichung folgender Ziele zu messen ist, aber zugleich den Personal-Dienstleistungscharakter der Logistikfunktion verdeutlicht. Diese Ziele sind explizit Servicezeit, Servicezuverlässigkeit und Lieferbereitschaft in der geplanten Servicezeit rund um die Welt.

Zum (internationalen) Marketing-Controlling in Verbindung mit dem (internationalen) Personalcontrolling: Generell kann gefragt werden, inwiefern Manager das weltweite Konzept der Unternehmensführung systematisch in den einzelnen Ländern verwirklichen, um beispielsweise als Global Player für ihren Konzern im Automobilbereich, Telekom-Bereich oder der Luftfahrtindustrie erfolgreich zu sein. Quantifizierbare Ziele des Marketing-Controllings und der Zielvereinbarung im Rahmen der Leistungsbeurteilung eines Personalcontrolling können z.b. Umsatzwachstum, Marktanteile oder Deckungsbeiträge sein. Qualitative Kennzahlen können z.b. hohe Bekanntheitsgrade, positives Image und hohe Wiederkaufraten sein, die der entsandte Manager nur mit Hilfe der Kenntnis der nationalen Kultur und einem Kulturverständnis erzielen kann.

Zum nationalen/internationalen Personalcontrolling: Hier kann unter anderem gefragt werden, wie eine Personalentwicklungsstrategie für außertarifliche Mitarbeiter und obere Führungskräfte national und international im Konzern umgesetzt wird. Oder wie ein Zielvereinbarungskonzept für die höheren und oberen Führungskräfte national und weltweit im Konzern standardisiert wird und Karrieren beeinflusst. Dabei lässt sich das Personalentwicklungsstrategiekonzept sicherlich gut mit dem Strategiekonzept der Personalbeurteilung verknüpfen. Als nächstes setzt hier das Strategiekonzept des Personalentgeltmanagements im Konzern fließend an. Alle Konzepte wiederum können mit Funktionalkonzepten des Forschungs- und Entwicklungsbereichs, des Marketingbereichs, von nationalen Niederlassungen usw. verbunden werden.

4.3 Prozessunterstützende Aufgaben des Internationalen Personalcontrolling

Ziele und Aufgaben eines prozessunterstützenden Personalcontrolling bezeichnen alle innovativen Fälle des funktionalen Internationalen Personalcontrolling, d.h. wenn sie projektartig erstmals im weltweiten Konzern eingeführt oder nach Jahren neu überarbeitet werden.

So hat 1996 die BASF ein Gehaltssystem für internationale Entsendungen von oberen Führungskräften entwickelt. Folgende Kriterien oder Anforderungen hat sie an ein entsprechendes materielles System für internationale Entsendungen gestellt:

- *Akzeptanz* bei den entsandten Führungskräften, die durch Transparenz und Plausibilität die Rechenschritte ihrer Gehaltsabrechnung nachvollziehen können.

- *Sachgerechtigkeit*, die dadurch sichergestellt wird, dass das Entgeltsystem derart flexibel ist, dass eine angemessene Anpassung an individuell unterschiedliche Ausgangssituationen möglich ist.

- *Wirtschaftlichkeit*, die dadurch erzielt wird, dass mit der „einfachen Bedienbarkeit" mit raschen, sofort nachvollziehbaren Ergebnissen individuell, gruppenbezogen national wie international im Konzern agiert werden kann. Dabei werden die Bestandteile des Entgeltmanagementsystems permanent erhoben, fortgeschrieben, überprüft und angepasst, damit eine höchstmögliche Gerechtigkeit der Entlohnung der obersten Führungskräfte im Konzern und im Vergleich zu den weltweiten Arbeitsmärkten erfolgt.[24]

5 Fazit

Zur Zeit gibt es noch so gut wie keine Institutionalisierung eines Internationalen Personalcontrolling mit Hilfe eines internationalen Personalinformationssystems in weltweit agierenden Konzernen. Dass sich ein Aufbau eines solchen für das Unternehmen lohnt und, dass zumindest erste Überlegungen zu einer Controllingkonzeption für eine derartige Einführung bestehen, zeigt der vorliegende Beitrag.

---

[24] Vgl. BRINKKÖTTER (1997), S. 443.

Literatur

Arbeitskreis „Externe und Interne Überwachung der Unternehmung" der Schmalenbach-Gesellschaft für Betriebswirtschaft e.V.: Auswirkungen des KonTraG auf die Unternehmensüberwachung. In: Der Betrieb (2000), Heft 37, Beilage Nr.11/2000.

ADLER, H./DÜRING, W./SCHMALTZ, K.: Rechnungslegung und Prüfung der Unternehmung, Kommentar zum HGB, AktG, GmbHG, PublG nach den Vorschriften des Bilanzrichtlinien-Gesetzes, 6. Aufl., neu bearb. v. Karl-Heinz Forster u.a., Stuttgart 2000.

ABTS, D./MÜLDER, W.: Grundkurs Wirtschaftsinformatik. 3.Aufl. Braunschweig/Wiesbaden 2001.

BAETGE, J./SCHULZE, D.: Möglichkeiten der Objektivierung der Lageberichterstattung über „Risiken der künftigen Entwicklung". In: Der Betrieb (1998), Heft 19, S. 937-948.

BEYNIO, W./KRIEGER, W.: Stock Option Incentives von Oberen Führungskräften in der Henkel-Gruppe. In: CLERMONT, A./SCHMEISSER, W. (Hrsg.)(1998): a.a.O., S. 353-362.

BITZ, H.: Risikomanagement nach KonTraG. Stuttgart 2000.

BRINKKÖTTER, H.-O.: Grundfragen aus der Entsendungspraxis der BASF mit besonderer Berücksichtigung von Oberen Führungskräften. In: CLERMONT, A./SCHMEISSER, W. (Hrsg.) (1997): a.a.O., S. 413-428.

BRINKKÖTTER, H.-O.: Das Gehaltssystem der BASF für internationale Entsendungen von Oberen Führungskräften. In: CLERMONT, A./SCHMEISSER, W. (Hrsg.) (1997): a.a.O., S. 429-444.

BRINKKÖTTER, H.-O.: Aktienprogramme der BASF Aktiengesellschaft. „BOP" für Obere Führungskräfte – „plus" für die Belegschaft. In: CLERMONT, A./SCHMEISSER, W./KRIMPHOVE, D. (Hrsg.) (2000), S. 663-691.

CLERMONT, A./SCHMEISSER, W. (Hrsg.): Internationales Personalmanagement. München 1997.

CLERMONT, A./SCHMEISSER, W. (Hrsg.): Betriebliche Personal- und Sozialpolitik. München 1998.

CLERMONT, A./SCHMEISSER, W./KRIMPHOVE, D. (Hrsg.): Personalführung und Organisation. München 2000.

CLERMONT, A./SCHMEISSER, W./KRIMPHOVE, D. (Hrsg.): Strategisches Personalmanagement in Globalen Unternehmen. München 2001.

Deutsche Gesellschaft für Personalführung e.V. (DGFP) (Hrsg.): Personalcontrolling in der Praxis. Stuttgart 2001.

KRAWINKEL, U.: PeopleSoft Collaborative Applications – Ein Überblick über globale Einsatzmöglichkeiten im Personalbereich. In: CLERMONT, A./SCHMEISSER, W./KRIMPHOVE, D. (Hrsg.) (2001): a.a.O., S. 447-456.

KROMSCHRÖDER, B./LÜCK, W.: Grundsätze risikoorientierter Unternehmensüberwachung. In: Der Betrieb (1998) Heft 32, S. 1573-1576.

MÜLDER, W.: Entwicklungstendenzen beim Personalinformationssystem SAP R/3 HR. In: CLERMONT, A./SCHMEISSER, W./KRIMPHOVE, D. (Hrsg.) (2001): a.a.O. S. 457-476.

ROSEN, R. VON: Aktienoptionen für Führungskräfte. In: CLERMONT, A./SCHMEISSER, W. (Hrsg.) (1998): a.a.O., S. 341-351.

PERLITZ. M.: Aspekte, Strategien und Probleme bei der Entwicklung eines Handlungssystems für das internationale Personalmanagement. In: CLERMONT, A./SCHMEISSER, W. (Hrsg.) (1997): a.a.O., S. 223-237.

SCHARF, P.: Risikomanagement- und Überwachungssystem im Finanzbereich. In: Reform des Aktienrechts, der Rechnungslegung und Prüfung. Stuttgart 1999, S. 177-201.

SCHERM, E./PIETSCH, G./SÜß, S.: Internationales Personalcontrolling zwischen Standardisierung und Differenzierung. In: Personal Jg. 52 (2000) Heft 9, S. 470-476.

SCHERM, E./SÜß, S.: Internationales Management. München 2001.

SCHINDLER, J./RABENHORST, D.: Auswirkungen des KonTraG auf die Abschlussprüfung (Teil I). In: Betriebsberater (1998), heft 37, S. 1886-1893.

SCHMEISSER, W.: Flexibles Vergütungsmanagement im Rahmen des Shareholder Value-Ansatzes. In: CLERMONT, A./SCHMEISSER, W./KRIMPHOVE, D. (Hrsg.) (2001): a.a.O., S. 811-819.

SCHMEISSER, W./CLERMONT, A./MERLE, A.: Internationales Personalcontrolling. In: CLERMONT, A./SCHMEISSER, W. (HRSG.) (1997): a.a.O., S. 529-544.

SCHMEISSER, W./CLERMONT, A.: Personalmanagement. Praxis der Lohn- und Gehaltsabrechnung, Personalcontrolling und Arbeitsrecht. Herne/Berlin 1999.

SCHMEISSER, W./CLERMONT, A./PROTZ, A. (Hrsg.): Personalinformationssysteme und Personalcontrolling. Auf dem Weg zum Personalkosten-Management WEBER, W./FESTING, M./DOWLING, P.J./ SCHULER, R.S.: Internationales Personalmanagement. Wiesbaden 1998.

Auf dem Weg zur Quantifizierung der Personalarbeit – Dargestellt anhand der Balanced Scorecard

Wilhelm Schmeisser/Jan Grothe

Geht man von der Globalisierung und Wertorientierung der Personalarbeit in internationalen Unternehmen im Sinne des Shareholder Value Ansatzes aus, so lassen sich daraus zwei Thesen ableiten, die die zukünftige Arbeit des Personalmanagements verstärkt prägen werden:[1]

(1) Die Personalarbeit wird immer mehr durch die sozio-kulturelle Dimension der Unternehmung und ihrer Umwelt geprägt, d.h. die Motivation der Mitarbeiter, Teamarbeit, die interkulturelle Kompetenz etc. bis zur internationalen Unternehmenskultur als weiche Faktoren stehen zum einen im Vordergrund.

(2) Internationale Strategien der Unternehmen und deren quantitative Implementierungen stehen im Fokus wertorientierter, betrieblicher Entscheidungen. Damit treten auch in Teilbereichen die Rechenbarkeit personalwirtschaftlicher Entscheidungen, die durch den Shareholder Value Ansatz mit ausgelöst worden sind, ins Zentrum des Interesses. Dies betrifft z.b. flexibles Entgeltmanagement mit Stock Option Incentives, kapitalgedeckte betriebliche Altersversorgung, Outsourcing mit Verrechnungspreisen und die strategische Implementierungsproblematik, die sich derzeit in der Rechenbarkeit der Balanced Scorecard widerspiegelt.

Gleichzeitig vollzieht sich an der zweiten These still und leise eine paradigmatische Diskussion in der Personalwirtschaft in Deutschland, die an einer dritten These festgemacht werden kann, dass sich das Personalmanagement auf dem Weg zur Quantifizierung der Personalarbeit befindet. Die eine Schule vertritt dabei die Personalökonomie[2], d.h. Ausgangspunkt sind mikroökonomisch fundierte Analysen der wichtigsten personalwirtschaftlichen Handlungsfelder. Das andere nicht volkswirtschaftlich orientierte bzw. nicht institutionsökonomische Paradigma könnte man als kostenorientiertes und finanzorientiertes Personalmanagement-Paradigma[3] bezeichnen, das sich eher in der Tradition der klassischen Betriebswirtschaft und des Shareholder Value Ansatzes sieht. Interessant an beiden Paradigmen ist die Tatsache, dass beide mehr oder weniger explizit die Rechenbarkeit der Personalarbeit fordern, zumindest

---

[1] Vgl. CLERMONT, A./SCHMEISSER, W./KRIMPHOVE, D.(Hrsg.) (2001).

[2] Vgl. BACKES-GELLNER, U./LAZEAR, E.P., WOLFF, B. (2001).

[3] Vgl. SCHMEISSER, W. (1999) , S. 3 ff.

dies in ihrem Forschungsansatz implizit enthalten haben, und sich damit aufeinander zu bewegen. Damit wird neu über den Forschungs- und Lehrgegenstand der betrieblichen Personalarbeit nachgedacht und es erfolgt zumindest eine gewisse Distanzierung zu der mehr psychologisch, sozialpsychologischen sowie teils soziologisch geprägten betrieblichen Personalarbeits- und Organisationsforschungstradition.

Im Weiteren wird das Problem der Rechenbarkeit der Personalarbeit exemplarisch anhand der Balanced Scorecard mit Hilfe des externen und des internen Rechnungswesens belegt bzw. ein Lösungsweg aufgezeigt, wie es das kosten- und finanzorientierte Personalkostenmanagement-Paradigma fordert und durch (Personal-) Informationssysteme wie von SAP[4] sicherlich eingelöst werden könnte.

Zum Bridging Problem zwischen Strategischem (Personal-) Management und Operativem (Personal-) Management

Seit Jahrzehnten stellt sich im Strategischen Management immer wieder neu die Frage, wie beispielsweise der PORTER'sche Ansatz rational und konkret zu implementieren sei. Die Ansätze des Strategischen Managements sind zwar bestechend in ihrer Logik und Geschlossenheit, erfreuen sich ebenso einer gewissen empirischen Bestätigung durch die Erfahrungskurve und durch die PIMS-Studie, können aber die Rechenbarkeit der Strategie die von mancher Geschäftsführung gewünscht und gefordert wird, nicht in Gänze leisten. Dieses Überbrückungsproblem (Bridging Problem) von der Strategie zum Rechnungswesen hat bereits PORTER in seinem Buch „Wettbewerbsvorteile"[5] gesehen und Lösungen dazu vorgeschlagen: Die generischen Strategien Kostenführerschaft und Differenzierung bei gegebenen Wettbewerbskräften (Lieferanten, Kunden, Substitutionstechnologien, Konkurrenten usw.) sind in eine Wertschöpfungskette bis zur Vollkostenrechnung umzusetzen.

Seine Vorschläge wurden aufgrund der Nichtmachbarkeit hin stark kritisiert, aber sie gaben zumindest über die Wertschöpfungskette erste Hinweise und Anregungen, wie in der Praxis als auch in der Forschung weiter fortgeschritten werden könnte. Eine wichtige Richtung ist zumindest die Diskussion, Teile oder größere Teilsegmente der Wertschöpfungskette auszulagern, um zu eigenen Unternehmen im Unternehmen zu kommen, ein Phänomen, dass unter dem Begriff Outsourcing auch im Personalbereich Einzug gehalten hat. WUNDERERS Wertschöpfungscenter Personal[6], abgeleitet aus der Wertschöpfungskette von PORTER im Rahmen eines unternehmerischen Personalcontrollings, ist seit über zehn Jahren bekannt. Ein anderer Ansatz setzt sich besonders stark mit der Optimierung der Geschäftsprozesse auseinander, der noch

---

[4] Vgl. MÜLDER (2001), S. 457 ff.

[5] Vgl. PORTER (1980) und (1985).

[6] Vgl. WUNDERER/JARITZ (1999).

weborientiert unterstützt werden kann, sich logisch aber ebenso aus PORTERS Ansatz der Wertschöpfungskette ableitet.

Ein weiterer Ansatz der Implementierung seit Anfang der neunziger Jahre, mit dem sich Praktiker als auch Wissenschaftler auseinandersetzen, ist die Balanced Scorecard, die praktisch anzuwenden bzw. das Implementierungs- und Bridgeproblem des Strategischen Managements lösen helfen soll.

Balanced Scorecard ein Bridging Instrument auch für den ausgelagerten Personalbereich

Bei der Balanced Scorecard handelt es sich um ein ausgewogenes System strategie-orientierter Kennzahlen bzw. wie noch zu zeigen sein wird, um Instrumente und Methoden des Rechnungswesens, die zur mehrdimensionalen Leistungsmessung im Gesamtunternehmen, Teilunternehmen im Konzern oder betrieblichen Funktionen wie dem Personalbereich beitragen können. Dies erklärt, warum die Balanced Scorecard seit einiger Zeit als „das" Instrument zur besseren Implementierung und Performancemessung eines Strategischen Managements propagiert und angesehen wird.[7] Die Balanced Scorecard hilft in einem Maße, wie es bisher nicht möglich erschien, verschiedene Ansätze des Strategischen Managements mit ihren Elementen zu integrieren: die marktorientierte, die ressourcenorientierte und wertorientierte Unternehmensführung.[8]

Die marktorientierte Unternehmensführung ist maßgeblich durch PORTER mit seinen Publikationen zu Wettbewerbsstrategien und Wettbewerbsvorteilen geprägt, die sich vorwiegend auf die Absatzmärkte ausrichten. Die Balanced Scorecard greift diese Sichtweise mit dem Element der Kundenperspektive auf und fragt problemorientiert danach, wie die Unternehmung ihren Kunden wirkungsvoll begegnet, um ihre generische Strategie Kostenführerschaft oder Differenzierung erfolgreich umzusetzen. Gemessen werden kann die Strategie an Kernkennzahlen wie Marktanteil, Kundentreue, Kundenakquisition, Kundenzufriedenheit und Kundenrentabilität, ergänzt durch die Marktsegmentierung und Leistungstreiber.

Die ressourcenorientierte Sichtweise des Strategischen Managements basiert auf den praxisorientierten Veröffentlichungen von PRAHALAD/HAMEL (1990) und HAMEL/PRAHALAD (1994). „Die Kernaussage dieser Publikationen liegt darin, dass durch die spezifische Bündelung der vorhandenen und noch zu entwickelnden Ressourcen Kernkompetenzen entwickelt werden, die zur Lösung von Kundenproblemen und damit zur Erlangung von Wettbewerbsvorteilen beitragen. Die Betrachtungen wer-

---

[7] Vgl. MÜLLER-STEWENS/LECHNER (2001).

[8] Vgl. WEHLING (2001), S. 147 ff.

den auf die internen Potenziale einer Unternehmung und damit auf das Personalmanagement, als den für die Entwicklung von Humanressourcen zuständigen Bereich, gelenkt."[9] Die beiden passenden Elemente der Balanced Scorecard dazu sind die Elemente Prozessperspektive, Lernen und Wachstum bzw. Potenzialperspektive. Die interne Prozessperspektive fragt danach, bei welchen Prozessen die Unternehmung im Rahmen eines Benchmarking die Besten sein müssen und bei der Potentialperspektive, wie die Unternehmung ihre Lern- oder Wachstumspotenziale bei den Mitarbeitern und Führungskräften fördern kann, um die Strategie erfolgreich umzusetzen. Gemessen wird die interne Prozessperspektive an der Identifizierung kritischer (Geschäfts-) Prozesse und an der vollständigen Berücksichtigung der Wertschöpfungskette im Sinne von PORTER'S absatzwirtschaftlichen Ansatz zur Sicherung der Wettbewerbsvorteile. Für die Potenzialperspektive schlagen KAPLAN/NORTON folgende Quantifizierung vor: die Mitarbeiterpotenziale mittels der Kennzahlen Mitarbeiterzufriedenheit, -treue, -produktivität und Weiterbildung neben Potenzialen von Informationssystemen, Motivation und Zielausrichtung zu messen.

Mit der wertorientierten Unternehmensführung erfolgte mit RAPPAPORT insofern ein drastischer Paradigmenwechsel in den Konzepten des Strategischen Managements, als verstärkt finanzwirtschaftliche Aspekte in die Betrachtungen der Strategieimplementierung aufgenommen wurden. „Der durch Publikationen von RAPPAPORT bekannt gewordene – und von Beratungsgesellschaften weiterentwickelte Shareholder-Value-Gedanke – fand schnell Eingang in die internationale Managementliteratur und -praxis. ... RAPPAPORT unternahm sogar den Versuch der Integration der PORTER'schen ... (Wertschöpfungsanalyse, d.Verf.) in ein wertorientiertes strategisches Management. Um diese Integration zu ermöglichen, sollen die zur Steigerung des Aktionärsvermögens dienenden Werttreiber Umsatzwachstum, betriebliche Gewinnmargen, Gewinnsteuersatz sowie Investitionen in das Anlage- und Umlaufvermögen mit Hilfe der ... (Wertschöpfungskette, d.Verf.) systematisch geschätzt werden."[10] Das Element Finanzperspektive will darum die Frage beantworten, mit welchen finanziellen Zielen erfolgreich die Strategie umzusetzen ist. Zur Messung der Performance werden hierzu der Lebenszyklus, der Return on Investment (RoI), Economic Value Added (EVA), die Einrichtung eines Risikomanagementsystems usw. genannt.

Letztendlich wird jedoch konstatiert, dass die vier Perspektiven aufgrund ihrer qualitativen und quantitativen Kennzahlen nicht verknüpfbar sind und KAPLAN/NORTON[11] dieses natürlich auch nicht wollten.

---

[9] Vgl. WEHLING (2001), S. 148 f.

[10] Vgl. WEHLING (2001), S. 149 ff.

[11] Vgl. KAPLAN/NORTON (1997).

Dabei muss vermutet werden, dass viele der Autoren heutiger Managementliteratur die Techniken und Instrumente des Rechnungswesens entweder nicht mehr genau kennen oder falsche Vorstellungen darüber haben. Deren Planungs-, Steuerungs- und Controllingcharakter mit potenziellen Verknüpfungsoptionen soll im Folgenden näher beleuchtet werden.

Zur Rechenbarkeit der Balanced Scorecard mit dem Ansatz von Schmeisser im Sinne des „Kostenorientierten und Finanzorientierten Personalmanagement-Paradigmas"[12]

Im Folgenden werden bei einer gegebenen Strategie für die Balanced Scorecard für alle vier Perspektiven Methoden und Instrumente angegeben, die miteinander verknüpfbar und damit für die Strategieimplementierbarkeit steuer- und rechenbar sind. Aus diesen Instrumenten und Methoden selbst sind im Rahmen des externen und internen Rechnungswesens Kennzahlensysteme ableitbar, um damit den Konzern, Unternehmensteile oder Funktionen im Sinne des Strategischen Managements steuerbar zu machen.

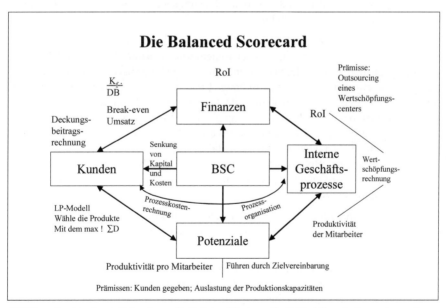

Abbildung 1: Ansatz von Schmeisser, die Balanced Scorecard mit Modellen, Instrumenten und Techniken des internen und externen Rechnungswesens rechenbar zu gestalten

---

[12] Vgl. aber auch den Ansatz von WICKEL-KIRSCH (2001), S. 273 ff.

Beginnt man mit der Kundenperspektive der Balanced Scorecard, bietet sich die Erfolgsrechnung als Deckungsbeitragsrechnung des internen Rechnungswesens an.
Will man die kurzfristige Erfolgsrechnung so ausgestalten, dass eine Analyse und
Planung der Erfolge der einzelnen Erfolgsträger bei den Kunden ermöglicht wird und
somit auch die Performance der Strategie in diesem Bereich überprüfen, so ist dies
nur mit der Deckungsbeitragsrechnung möglich, wenn man die Deckungsbeiträge
maximiert. Erfolgsträger können zum Beispiel Geschäftsfelder, Sparten, Produkte/
Dienstleistungen, Produktgruppen oder regionale Bereiche sein.

Der Deckungsbeitrag ermittelt sich als Differenz der Erlöse minus den variablen
Kosten der Produkte. Der Deckungsbeitrag stellt demnach den Betrag dar, den jedes
Produkt zur Deckung der fixen Kosten beigetragen bzw. beizutragen hat. Die fixen
Kosten sind damit die Kosten der Betriebsbereitschaft von allen Produkten (Personaldienstleistungen bei Wertschöpfungscentern). Hierein fließt auch der anzustreben-
den Gewinn, der als Eigenkapitalverzinsung des Kapitals für die Betriebsbereitschaft
im Sinne des Shareholder Values verstanden und in die Erfolgsrechnung und später
in die Break-even-Analyse hineindefiniert werden kann. Die Fixkosten, wie auch immer untergliedert, werden stets von dem Deckungsbeitrag subtrahiert und niemals
auf die einzelnen Produkte geschlüsselt.

Ein weiterer Vorzug der Deckungsbeitragsrechnung besteht darin, dass man mit ihrer
Hilfe die quantitativen Beziehungen zwischen Absatzmenge, Kosten und Gewinn,
d.h. auch mit dem RoI verdeutlichen und für eine Erfolgsanalyse bzw. Gewinnplanung nutzen kann. Hierbei geht es in erster Linie um die rechnerische Bestimmung
derjenigen Absatzmengen, bei denen die Gesamtkosten durch den Gesamtumsatz
gedeckt werden, bei der weder ein Gewinn noch ein Verlust entsteht. Für Zwecke der
Gewinnplanung bzw. für den Return on Investment fragt man nach den Absatzmengen der Produkte oder Dienstleistungen, die für den angestrebten Periodengewinn
erreicht werden muss. Bei dieser Analyse, Planung und Steuerung kann man nicht
nur den angestrebten Gewinn, sondern auch die Gewinnsteuer in die fixen Kosten
der Rechnung mit einbeziehen.

Damit kommt man rechnerisch von der Kundenperspektive zur finanziellen Perspektive mittels der Break-even-Analyse bzw. von der Deckungsbeitragsrechnung zum
RoI.[13]

Für die Beurteilung der Ertragslage eines Unternehmens spielt die Rentabilität eine
bedeutende Rolle. Selbst bei einer guten Vermögens- und Finanzlage kann das
Gesamturteil über das Unternehmen negativ ausfallen. Der Grund ist die schlechte
Rendite des eingesetzten Kapitals. Mit dem Kapital hätte ein höherer Gewinn erzielt

---

[13] Vgl. COENENBERG (1997), S. 274 ff.

werden können oder müssen. Der Gewinn wird darum in Sicht der Finanzperspektive der Balanced Scorecard als Verzinsung des investierten Kapitals betrachtet.

Die Rentabilität wird durch eine Verhältniszahl dargestellt, die eine den Erfolg darstellende Größe zu einer ihn verursachenden Größe in Beziehung setzt. Es muss beachtet werden, dass die Beziehungszahl nur eine vermutete Ursache-Wirkungs-Beziehung und keine funktionale Beziehung widerspiegeln kann. Bezugszahlen sind i.d.R. das eingesetzte Kapital, das Gesamtkapital, das Vermögen oder der Umsatz. Die in der Literatur und Praxis am häufigsten vorzufindenden Kennziffern der Rentabilität sind die Eigenkapitalrentabilität, Gesamtrentabilität, Umsatzrentabilität, Betriebsrentabilität und der Return on Investment (RoI).

Der Return on Investment ist ein Rentabilitätsmaß, welches als Kennzahlensystem die Interdependenzen zwischen zwei Rentabilitätskonzepten aufzeigen kann und dadurch eine detaillierte Ursachenanalyse ermöglicht. Ausgangspunkt für den RoI sind die Umsatz- und Betriebsrentabilität.

Durch eine einfache Erweiterung der Kennzahl Betriebsrentabilität mit dem Faktor Umsatz ergeben sich Komponenten des RoI.

Der erste Quotient gibt dabei die Umsatzrendite und der zweite die Umschlaghäufigkeit des Kapitals an. Der rechnerische Wert der Betriebsrentabilität, errechnet im Rahmen der Jahresabschlussanalyse, bleibt unverändert.[14] Der RoI kann demnach als eine Betriebsrentabilität verstanden werden, die sich aus anderen Komponenten ergibt. Die beiden Quotienten, die sich aus verschiedenen Posten des Jahresabschlusses ergeben, können somit Änderungen der Ertrags-, Aufwands- und Vermögensposten der Gewinn- und Verlust-Rechnung und der Bilanz detailliert beschreiben. Abweichungen, die in der Spitzenkennzahl RoI erkannt werden, können genau zurückverfolgt und analysiert werden, unter interpretativer Sicht möglicher Werttreiber, die die qualitative Leistungssphäre des Betriebes berührt, und damit ein angestrebtes Vorgehen der Balanced Scorecard sichert (vgl. Abbildung 2).

Mit Hilfe des RoI können also über die Umschlagshäufigkeit des Vermögens und die Umsatzrentabilität Zwischen- und Unterziele bis auf die Ebene operationaler Teilziele abgeleitet werden. Der RoI ermöglicht es, die Verflechtung der gesamten Zielstruktur darzustellen.

Wertschöpfung, Produktivität und Rentabilität

Geht man von der Wertschöpfungskette von PORTER aus bzw. vom Wertschöpfungscenter von WUNDERER, so lassen sich diese strategischen Konzepte in den internen Geschäftsprozessen der Balanced Scorecard wiederfinden, die entweder mit Hilfe

---

[14] Vgl. BAETGE (1998), S. 423 ff. und KÜTING/WEBER (2000), S. 287 ff.

des Prozessmanagements und der Prozesskostenrechnung berechnet werden können, oder wie hier im Weiteren angestrebt, sich mit der Wertschöpfungsrechnung[15] bewältigen lassen.

Wertschöpfungsanalysen basierend auf der Wertschöpfungsrechnung erlangen im Rahmen der externen Bilanzanalyse zunehmend an Bedeutung und werden als eigenständiges Rechnungslegungsinstrument zunehmend diskutiert. Die Zuverlässigkeit einer externen Wertschöpfungsrechnung hängt von der Qualität der in der Gewinn- und Verlustrechnung sowie im Anhang gewährten Daten ab. Grundsätzlich erweist sich die Verwendung des Gesamtkostenverfahrens, aufgrund seiner Gliederung nach Aufwands- und Ertragsarten, als vorteilhafter als die des Umsatzkostenverfahrens.

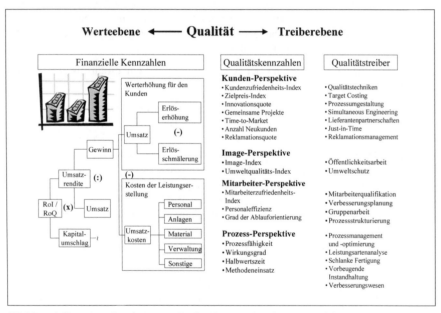

Abbildung 2: Return on Investment mit Treiberebene analog der Balanced Scorecard

Eine Wertschöpfungsrechnung besteht aus einer Verteilungs- und Entstehungsrechnung.[16] Erfolgsdeterminanten des Unternehmensgewinns/der Unternehmensrendite sind Produktivität, vertikale Integration sowie Unternehmensgröße und -wachstum.

---

[15] Vgl. BAETGE (1998), S. 495 ff. und KÜTING/WEBER (2000), S. 306 ff.
[16] Vgl. SCHMEISSER/CLERMONT/KRIENER (1998), S. 39 ff.

In Verbindung mit der Wertschöpfung besitzen sie Indikatoreneigenschaften für die zukünftige Unternehmensentwicklung bzw. den Ertragsverlauf. Eine Verknüpfung der Finanzsphäre mit der Sphäre interner Geschäftsprozesse und der Sphäre der Potenziale ist hier rechenbar sehr gut gegeben.

Produktivität ist eine Messgröße der Wirtschaftlichkeitsrechnung, welche das Verhältnis von Output zu Input oder Faktorertrag zu Faktoreinsatz widergibt. Die Gesamtproduktivität eines Unternehmens kann je nach Bezugsgröße in Teilproduktivitäten unterteilt werden. Man unterscheidet grundsätzlich zwischen Arbeits- und Kapitalproduktivität sowie Materialproduktivität. Produktivitätsfortschritt kann sich durch Verringerung des Faktoreinsatzes zur Faktorausbringungsmenge (Kostenstrategie) sowie durch erlösfördernde Funktions- und Qualitätsmerkmale der Produkte respektive Personaldienstleistungen (Differenzierungsstrategie nach PORTER) ergeben. Die Betrachtung der Kostenseite der Produktivität bezeichnet man als Effizienz, die der Leistungsseite als Effektivität.[17]

Wertschöpfung gilt als guter Indikator für einen Faktorerfolg, da sie die Eigenleistung eines Unternehmens einer Produktionsstufe ausdrückt. Deshalb ist sie für die Bemessung des Outputs und für die Einbeziehung in Produktivitätsmessungen geeignet. Wertschöpfungsgrößen vermeiden im Gegensatz zum Umsatz, dass die Ergebnisse aufeinanderfolgender Leistungsstufen doppelt gezählt werden und berücksichtigen bei Produktivitätsvergleichen vertikale Integrationstiefe sowie Unternehmensgröße und Unternehmenswachstum.

Produktivität und Rentabilität müssen im Zusammenhang betrachtet werden. Interpretiert man sie als finanz- und realgüterwirtschaftlichen Zusammenhang, wird der Unternehmenserfolg in eine realgüterwirtschaftliche Komponente in Form der Arbeits- und Kapitalproduktivität (Element Potenziale der Balanced Scorecard) und in eine finanzwirtschaftliche Komponente im Sinne von Rentabilität bzw. Profitabilität (RoI) aufgegliedert. Dies hat zur Folge, dass das Unternehmensergebnis hier in die Wertschöpfung aufgegliedert wird und damit drei Elemente der Balanced Scorecard verknüpfbar macht. Dabei kann der Leistungsentstehungsprozess (Entstehungsrechnung der Wertschöpfungsrechnung) durch die Produktivität ausgedrückt werden und die verteilte Wertschöpfungsgröße (Verteilungsgröße) zeugt von der Rentabilität des Faktoreinsatzes.

Branchenübergreifende Untersuchungen der wesentlichen Teile des verarbeitenden Gewerbes weisen nach, dass eine höhere Arbeitsproduktivität grundsätzlich zu einem höheren Unternehmenserfolg beiträgt. Dies bestätigen sowohl die PIMS-Studien[18]

---

[17] Vgl. HALLER (1997), S. 300.

[18] Vgl. BUZELL/GALE (1989).

als auch die Erfahrungskurve[19] sowie volkswirtschaftliche Erhebungen, die wiederum belegen, dass eine steigende Produktivität zu einem höheren Faktoreinkommen pro Kopf in der Volkswirtschaft führt, bei einer angemessenen Kapitalausstattung.[20]

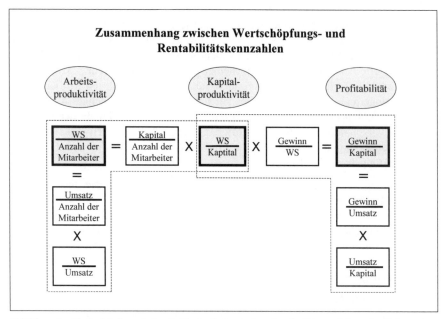

Abbildung 3: Wertschöpfungskette als Bindeglied zwischen den drei Perspektiven der Balanced Scorecard [21]

Ebenfalls kann sich eine unterschiedliche Gewichtung der Arbeitsproduktivität zur Kapitalproduktivität, d.h. das Verhältnis der Produktionsfaktoren Arbeit und Kapital zueinander, auf den Return on Investment auswirken. Dieser kausale Zusammenhang gestaltet sich nach den gegebenen Rahmenbedingungen, d.h. je nach Region, vertikaler Integration, Kapitalintensität bzw. Reifegrad der Branche stärker oder schwächer.

Abbildung 3 zeigt diesen Zusammenhang auf. Es lassen sich jedoch noch weitere Schlüsse hinsichtlich der in den Teilgrößen erfassten Ursachen ableiten. Wie verändert sich die Mitarbeiterzahl, das eingesetzte Betriebskapital, der Umsatz usw., um das erzielte Ergebnis (RoI) zu erzielen.

---

[19] Vgl. HENDERSON (1971).

[20] Vgl. BACKES-GELLNER/LAZEAR/WOLF (2001), S. 26 ff.

[21] Vgl. BACKES-GELLNER/LAZEAR/WOLF (2001), S. 316.

Die Wertschöpfungsrechnung zeigt, welche Einflussfaktoren den Zusammenhang zwischen Arbeitsproduktivität und RoI determinieren. Verbindungselement ist die Kapitalproduktivität. Die Abbildung 3 kann man nun zweiseitig lesen. Kapitalproduktivität verknüpft mit der Profitabilität beeinflusst Arbeitsproduktivität und Kapitalproduktivität verknüpft mit der Arbeitsproduktivität bestimmt die Profitabilität.

Unternehmen mit einem geringem Verhältnis von Kapital zur Anzahl der Mitarbeiter und hoher Arbeitsproduktivität erweisen sich als sehr gewinnträchtig und solche mit einer hohen Kapitalintensität pro Mitarbeiter bei niedriger Arbeitsproduktivität erzielen geringe Renditen. Je höher die Kapitalintensität ist, desto höher muss die erforderliche Arbeitsproduktivität sein, um ein angemessenes Rentabilitätsniveau zu erreichen. Sowohl strukturelle Vermögens- und Kapitalveränderungen als auch Erfolgsgrößen werden als Ursache und Basis in Abbildung 3 vereinigt. Kapital- und Arbeitsproduktivität können in diesem Zusammenhang auch Hinweise für erfolgte Investitionen und Rationalisierungen in (Personaldienstleistungs-) Geschäftsprozesse geben. Aus ihrem Verhältnis zueinander kann man auch auf verbesserungswürdige Geschäftsprozesse schließen, die mittels Workflow[22], Prozesskostenrechnung[23] usw. zu untersuchen sind.

Zukünftige Rationalisierungsnotwendigkeiten mittels weborientierten Technologieeinsatz bzw. Investitionsmöglichkeiten rechtzeitig zu erkennen, verbessert auch die Kundenperspektive. Ein zahlenmäßiger Investitionsspielraum ergibt sich aus der Ertragslage (Profitabilität) des Unternehmens, d.h. Umsatz-, Gewinn- und Wertschöpfungsverbesserung könnte durch freiwillige Rücklagen für solche Zwecke (Verteilungsrechnung) erzielt werden. Es ist auf die Verteilung des Bilanzgewinns zu achten, d.h. auf den Gewinnverwendungsbeschluss der Hauptversammlung, dessen Verteilung Aufschluss über Investitions- und Rationalisierungsverhalten der Unternehmung geben kann. Allerdings wird das Unternehmen vorwiegend von seiner strategischen Ausrichtung in seinem Verhalten geprägt und beeinflusst. Dabei wird der Investitionsspielraum auch durch gute und schlechte Kapitalstrukturen beeinflusst, d.h. der Verschuldungsgrad begrenzt eventuell den Kreditspielraum und damit das Wachstum der Unternehmung. Die Überleitung von der Produktivität zur Rentabilität stellt die Wirtschaftlichkeit dar, welche Erträge und Aufwand oder Leistungen und Kosten ins Verhältnis setzt.

Die Potenzialebene kann mit Hilfe der (Arbeits-) Produktivität beschrieben werden. Das heißt alle Innovationen, Lern- und Wachstumsprozesse der Mitarbeiter und der Organisation/Unternehmen schlagen sich in einer Erhöhung der Produktivität nieder, die wie eben behandelt ein Aspekt und Element der Wertschöpfungsrechnung ist.

---

[22] Vgl. FELLBERG (2001), S. 333 ff. und HUBER (2001), S. 347 ff.

[23] Vgl. SCHMEISSER, W./CLERMONT, A. (1998), S. 62 ff.

Geht man dabei von einer gegeben Auslastung der Produkte bzw. der Personaldienst-leistungen des Wertschöpfungscenters „Personal und Service GmbH", also einer fiktiven Unternehmung im Konzern aus, so lässt sich leicht die Kundenperspektive mit der Potenzialperspektive der Balanced Scorecard mit Hilfe einer Sonderrech-nung, nämlich mit Hilfe des optimalen Produktionsprogramms bei gegebenen Kapa-zitäten, im Rahmen der Kosten- und Ergebnisrechnung verbinden.[24]

Fertigt ein Unternehmen aufgrund vorhandener Betriebsbereitschaft z.B. die Produk-te respektive Personaldienstleistungen A, B und C, so kann es vor der Frage stehen, ob es die gegebenen Kapazitäten stärker mit A oder B oder C belegt. Jede alternative Belegungsmöglichkeit bringt einen anderen Gewinn. Die Frage ist dann: Welches ist die gewinngünstigste Kombination der Produkte bzw. Personaldienstleistungen oder mit anderen Worten, welches ist das optimale Produktionsprogramm bei gegebenen Kapazitäten?

Ist die Kapazität im Betrieb vorhanden, und diese Annahme kann bei einer Lohn- und Gehalts-GmbH wie z.B. bei der BASF unterstellt werden[25], so bedeutet dies un-ter kostenrechnerischen Gesichtspunkten, dass die Fixkosten (Betriebsbereitschafts-kosten) von der Entscheidung über das optimale Programm unberührt bleiben. Die Entscheidung wird alleine auf der Basis der variablen Kosten getroffen. Es ist ent-sprechend der Kundenperspektive der Balanced Scorecard eine Deckungsbeitrags-rechnung erforderlich.

Bestehen dagegen Kapazitätsengpässe, so kann die Entscheidung über die Förde-rungswürdigkeit eines Produktes oder einer Personaldienstleistung nur noch auf Basis relativer Deckungsbeiträge getroffen werden. Bei relativen Deckungsbeitrags-rechnungen wird der absolute Deckungsbeitrag auf die Engpasseinheit bezogen. Mit der engpassbezogenen Betrachtung gehen automatisch die Gedanken der Opportuni-tätskosten in die Rechnung ein.

Ein Controlling mit Hilfe der Balanced Scorecard ist sicherlich am besten bei einem Wertschöpfungscenter „Personal" mit einem eigenen externen und internen Rech-nungswesen möglich.

---

[24] Vgl. STEINMANN/SCHREYÖGG (2000), S. 310 ff.
[25] Vgl. LITTMANN (2001), S. 313 ff.

Literatur

BACKES-GELLNER, U./LAZEAR, E. P./WOLF, B.: Personalökonomik. Stuttgart 2001.

BAETGE, J.: Bilanzanalyse. Düsseldorf 1998.

BUZELL, R.D./GALE, B.T.: Das PIMS-Programm – Strategien und Unternehmenserfolg. Wiesbaden 1989.

CLERMONT, A./SCHMEISSER, W./KRIMPHOVE, D. (Hrsg.): Strategisches Personalmanagement in Globalen Unternehmen. München 2001.

COENENBERG, A.G.: Kostenrechnung und Kostenanalyse. 3. Aufl. Landsberg am Lech 1997.

HALLER, A.: Wertschöpfungsrechnung. Stuttgart 1997.

FELLBERG, U.-C.: Strukturwandel und Prozessoptimierung als Voraussetzung für E-Business im Personalmanagement. In: CLERMONT, A./SCHMEISSER, W./KRIMPHOVE, D. (Hrsg.): a.a.O., S. 333-346.

HENDERSON, B.D.: Construction of a business strategy. The Boston Consulting Group, Series on Corporate Strategy. Boston 1971.

HUBER, S.: Technologiegestütztes Workflow-Management im Personalbereich. In: CLERMONT, A./SCHMEISSER, W./KRIMPHOVE, D. (Hrsg.): a.a.O., S. 347-358.

KAPLAN, R.S./NORTON, D.P.: Balanced Scorecard: Strategien erfolgreich umsetzen. Stuttgart 1997.

KÜTING, K./WEBER, C.-P.: Die Bilanzanalyse. 5. Aufl., Stuttgart 2000.

LITTMANN, W.: Die durchgehende Informatisierung der personalwirtschaftlichen Geschäftsprozesse als Grundlage des Personalcontrollings am Beispiel der BASF AG. In: CLERMONT, A./SCHMEISSER, W./KRIMPHOVE, D. (Hrsg.): a.a.O., S.313-318.

MÜLDER, W.: Entwicklungstendenzen beim Personalinformationssystem SAP R/3 HR. In: CLERMONT, A./SCHMEISSER, W./KRIMPHOVE, D. (Hrsg.): a.a.O., S. 457-476.

MÜLLER-STEWENS/LECHNER, C.: Strategisches Management. Stuttgart 2001.

PORTER, M.E.: Competitive strategy: techniques for analyzing industries and competitors. Free Press, New York 1980.

PORTER, M.E.: Competitive advantage: creating and sustaining superior performance. Free Press, New York 1985.

SCHMEISSER, W.: Personalcontrolling und Personalinformationssysteme im Spannungsfeld einer prozess- und kundenorientierten Personalarbeit. In: SCHMEISSER, W./CLERMONT, A./PROTZ, A.: Personalinformationssysteme und Personalcontrolling. Neuwied/Kiftel 1999, S. 3-14.

SCHMEISSER, W./CLERMONT, A.: Prozesskostenrechnung erhöht Kostentransparenz. In: Personalwirtschaft Heft 10/1998, S. 62-70.

SCHMEISSER, W./CLERMONT, A./KRIENER, M.: Wertschöpfung als Technik des Personalcontrollings. In: Personalwirtschaft Heft 2/1998, S. 37-43.

STEINMANN, H./SCHREYÖGG, G.: Management. 5. Aufl., Wiesbaden 2000.

WEHLING, M.: Unternehmensführung und Personalmanagement mit der Balanced Scorecard. In: CLERMONT, A./SCHMEISSER, W./KRIMPHOVE, D. (Hrsg.): a.a.O., S. 147-166.

WICKEL-KIRSCH, S.: Balanced Scorecard als Instrument des Personalcontrolling. In: CLERMONT, A./SCHMEISSER, W./KRIMPHOVE, D. (Hrsg.): a.a.O., S. 273-291.

Global SAP HR – Erfahrungen mit der Einführung eines internationalen Personalinformationssystems zur Prozessunterstützung bei der Henkel-Gruppe

Imke Bülthoff

1 Das globale Personalinformationssystem

1.1 Notwendigkeit eines globalen EDV-Systems

Die Kernaufgaben von EDV-Systemen sind, Prozesse zu unterstützen, mit Hilfe einer Standardisierung von Abläufen die Komplexität zu verringern und den Prozessablauf zu beschleunigen. Grundvoraussetzung für eine optimale Unterstützung ist die gezielte Ausrichtung des Systems auf die vorhandenen Prozesse.

Henkel ist eines der am stärksten international ausgerichteten Unternehmen Deutschlands: Die Henkel-Gruppe ist in 74 Ländern vertreten und ca. 75% der über 46.000 Mitarbeiter sind im Ausland tätig.

Die Führungskräfte weltweit, welche unterteilt sind in Führungsebenen (Management Circle (MC) I-III), werden in den letzten Jahren verstärkt global, d.h. zentral vom Headquarter aus gesteuert. Dies wird deutlich, teilt man die Personalprozesse bei Henkel bzgl. der Administration und des Reporting nach ihrem „Grad der Globalisierung" ein (vgl. Abbildung 1).

- Hauptsächlich lokal gesteuert werden Prozesse wie z.B. die Gehaltsabrechnung oder das Zeitmanagement. Sie unterliegen grundsätzlich einer lokalen Berichterstattung. Allerdings wird beispielsweise bei der globalen Erstellung von Key Performance Indicators (KPI) u.a. auf Zahlen aus diesen Bereichen zurückgegriffen.

- Lokal gesteuert, aber wesentlicher Bestandteil des globalen Berichtswesens, sind Prozesse wie z.B. das Performance Management und das Compensation Management unterer Führungsebenen.

- Ausschließlich global gesteuert und ausgewertet werden insbesondere das Compensation Management sowie das Performance Management der oberen Führungsebenen sowie die Stellenbewertung (Hay evaluation). Entscheidungen werden unter Einbezug lokaler Vorschläge im Headquarter getroffen.

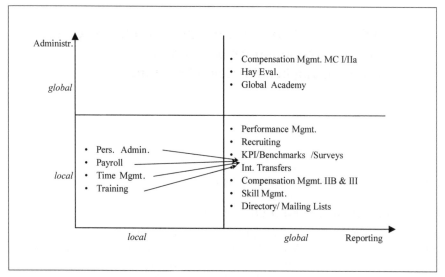

Abbildung 1: Steuerung von Personalprozessen

Die globale Steuerung von internationalen Personalprozessen bringt eine hohe Komplexität mit sich und erfordert eine systemtechnische Unterstützung, die nicht mehr allein auf lokale Anforderungen beschränkt sein kann. Erforderlich ist ein System, das in der Lage ist, die Personalverantwortlichen, aber auch die Linienvorgesetzten bei der Steuerung der globalen Personalprozesse gezielt mit aktuellen, internationalen Informationen über Führungskräfte zu unterstützen.

1.2 Ziele

Ziel muss es sein, ein System aufzubauen, das den folgenden Anforderungen standhalten kann:

- Speicherung von aktuellen und vergleichbaren Personaldaten zu allen Führungskräften der Henkel-Gruppe weltweit,

- Gewährleistung eines weltweit direkten Zugriffs auf Personaldaten durch Personalverantwortliche sowie langfristig auch durch Linienmanager im Rahmen eines flexiblen Berechtigungskonzeptes,

- Bereitstellung eines flexiblen Auswertungstools,

- Nutzung des Systems im Hinblick auf den Aufbau von Intranet-Applikationen.

In einer ersten Phase steht beim Aufbau der globalen Datenbank der Transfer von bisher nur in lokalen Systemen vorhandenen aktuellen Kerndaten im Vordergrund. In der zweiten Phase liegt der Fokus dann auf der gezielten Erweiterung des globalen Systems zum flexiblen Reportingtool und auf dem Aufbau von Intranet-Applikationen zur Unterstützung globaler Personalprozesse (vgl. Abschnitt 2).

1.3 Dateninhalte

Um Personalprozesse sinnvoll unterstützen zu können, enthält die Datenbank zu allen Führungskräften weltweit

* persönliche Daten,

* die organisatorische Einbindung,

* Gehälter,

* Daten zu Management Development Prozessen,

* Qualifikationen sowie

* Stellenbewertungen (vgl. Abbildung 2).

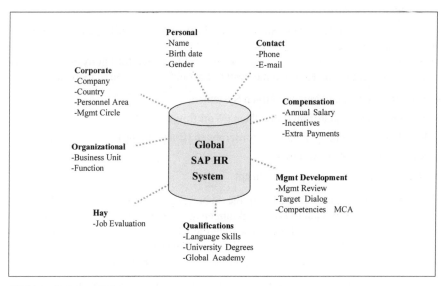

Abbildung 2: Dateninhalte

Als erfolgskritisch erweist sich dabei die genaue Definition von Dateninhalten. Dabei sind länderspezifische Unterschiede zu berücksichtigen. So hat sich zum Beispiel die geforderte Angabe der Lohnart Bruttojahresgehalt, definiert als Nettogehalt + Steuern + Sozialversicherung, als kritisch herausgestellt, da in manchen Ländern

(wie z.B. in Schweden) die Sozialversicherung pauschal vom Unternehmen abge-
führt wird und daher im lokalen System das geforderte Bruttojahresgehalt (inkl.
Steuern und Sozialversicherung) pro Person nicht abgelegt ist und damit nicht in das
globale System übertragen werden kann. Vor diesem Hintergrund war es erforderlich, neben der bereits bestehenden Bruttolohnart drei zusätzliche Lohnarten in das
globale System aufzunehmen:

- Bruttojahresgehalt = Nettojahresgehalt + Steuern,
- Bruttojahresgehalt = Nettojahresgehalt + Sozialversicherung und
- Nettojahresgehalt.

Bezüglich einer angestrebten harmonisierten Datendefinition bedeutet dies, dass in
manchen Fällen von dem Ziel der direkten Vergleichbarkeit von Daten zugunsten
einer inhaltlich richtigen Abbildung von Informationen abgerückt werden muss, um
Unterschiede transparent zu machen und damit Fehlinterpretationen zu vermeiden.

1.4 Systemintegration

Um der allgemeinen (System-) Strategie der Henkel KGaA zu folgen und die lang-
jährigen Erfahrungen zu nutzen, ist die Entscheidung zum Aufbau einer globalen
Datenbank auf Basis von SAP gefallen. Damit hat man sich für ein System entschie-
den, das zwar eine hohe Komplexität besitzt, aber eine Reihe von Stärken aufweist:

- Schnittstellen zu anderen operativen Systemen,
- Nutzung von Standardfunktionalitäten (Workflow),
- Flexible Anpassung an Kundenanforderungen (Customizing),
- Stetiger System-Update sowie
- Differenziertes Berechtigungskonzept.

Die Entscheidung für SAP bedeutet die Schaffung von Synergien im IT-Bereich
durch die Konzentration der IT-Entwicklungen auf eine Software. In der ersten Phase
beim Aufbau einer globalen Datenbank steht die Übertragung von Kerndaten aus den
lokalen in das globale System im Vordergrund. Dieser Transfer wird in der Regel
von den lokalen Personalverantwortlichen initiiert. Zu unterscheiden sind:

- die direkte manuelle Pflege von Personaldaten im globalen SAP System und
- die Übertragung von Personaldaten mittels einer automatisierten Schnittstelle (vgl.
  Abbildung 3).

Die manuelle Pflege ist auf Daten wie z.B. Personalbeurteilungen, Qualifikationen
und Hay-Stellenbewertungen beschränkt. Diese Daten ändern sich i.d.R. nur einmal

jährlich oder weniger, so dass die Pflege nur selten (in Abhängigkeit der Änderung) vorgenommen wird.

In der automatisierten Schnittstelle sind persönliche, organisatorische Daten, Gehälter etc. enthalten. Die Aktualisierung dieser Daten erfolgt einmal pro Monat, da sie in der Regel in kürzeren Zeitabständen Veränderungen unterliegen. Die monatliche Aktualisierung stellt eine mit der monatlichen Abrechnung in lokalen Personalsystemen einher gehende Datenaktualität sicher. Gleichzeitig ermöglicht die automatisierte Schnittstelle ein zentrales Controlling der Datenaktualität, indem ihre Nutzung benutzerabhängig überprüft wird.

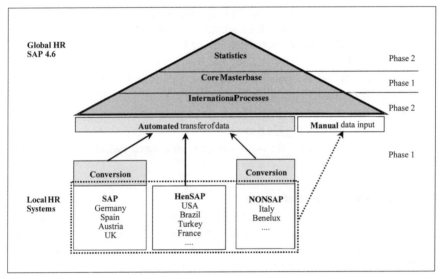

Abbildung 3: System-Integration

Bei der automatisierten Übertragung der lokalen Daten in das globale System spielt die lokale Systemlandschaft eine Rolle, da von ihrer Beschaffenheit der Grad der erforderlichen Datenkonvertierung abhängt.

Die lokalen Personalsysteme in der Henkel-Gruppe sind nicht einheitlich (vgl. Abbildung 3). Grundsätzlich kann unterschieden werden zwischen Nicht-SAP-Systemen und SAP-Systemen. SAP-Systeme können weiterhin unterteilt werden in SAP-Systeme, die dem Henkelstandard entsprechen (sogenannte HenSAP-Systeme), und solche, die diesem Standard nicht entsprechen.

HenSAP-Systeme sind bereits im Einsatz in den USA, Frankreich, der Türkei etc. Sie stellen im Gegensatz zu nicht-standardisierten SAP-Systemen und Nicht-SAP-Systemen eine Erleichterung dar, da für den automatisierten Datentransfer keine Konvertierung von Personaldaten vorgenommen werden muss.

Der automatisierte Datentransfer in das globale SAP-System erfolgt mit Hilfe des sogenannten Check and Upload-Programms. Die Personalverantwortlichen weltweit haben direkten Zugriff auf das globale System, um den Datentransfer mit Hilfe des Programms anzustoßen.

Die Datenübertragung erfolgt in folgenden Schritten:

• Erstellen einer Schnittstellen-Datei mit gegebenenfalls konvertierten Daten aus dem lokalen System. Dieser Schritt erfolgt in der Regel automatisiert. Alternativ besteht die Möglichkeit der manuellen Pflege einer Excelvorlage mit vordefinierten Feldinhalten und Formaten.

• Überprüfung der lokalen Daten mit Hilfe des Check and Upload-Programms im Hinblick auf Formate, Plausibilität (soweit möglich) und Berechtigungen.

• Gegebenenfalls Fehlerkorrektur: Check and Upload-Programm stellt Umgebung zur Verfügung, die eine direkte Korrektur von Fehlern ermöglicht.

• Die fehlerfreie Datei wird für das Einspielen über einen täglich laufenden SAP-Job freigegeben.

1.5 Flexible Berechtigungssteuerung

Eines der Ziele beim Aufbau einer globalen Datenbank ist, dass jeder Personalverantwortliche weltweit direkten Zugriff auf die Informationen haben kann. Die Zugriffssteuerung im SAP-System ermöglicht eine flexible Anpassung an die jeweiligen länderspezifischen Datenschutz-Anforderungen (vgl. Abbildung 4).

So können zur Steuerung der Datenansicht und der Datenpflege drei Ebenen miteinander kombiniert werden:

• Regionale Ebene (auf der Basis von SAP-Personalbereichen),

• Dateninhalte (auf der Basis von SAP-Infotypen) und

• Geschäftsbereiche (auf der Basis der abgebildeten Organisationsstrukturen).

Damit ist es z.B. möglich, jedem Personalverantwortlichen in der Henkel-Gruppe Zugriff auf Basisdaten wie Name und organisatorische Zuordnung zu geben, den Zugriff auf kritische Daten dagegen einzuschränken, z.B. auf ein spezielles Land, einen bestimmten Unternehmensbereich etc.

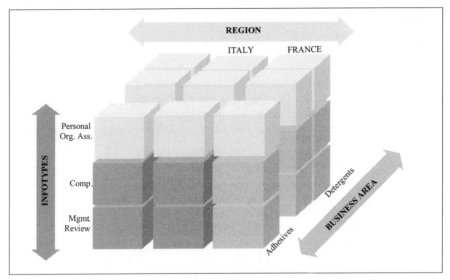

Abbildung 4: Berechtigungswürfel

Generell sollten beim Berechtigungskonzept immer die Vorteile einer Individualisierung bei der Einrichtung von Systemzugriffen den Nachteilen einer zunehmenden Komplexität gegenübergestellt werden. Die sinnvolle Nutzung von SAP-Berechtigungsrollen sollte zur Reduzierung der Komplexität beitragen.

2 Systemgestützte Prozessunterstützung

Wie oben beschrieben, entstand die Notwendigkeit eines globalen Systems für Personaldaten durch die verstärkt globale, d.h. zentrale Steuerung von Personalprozessen. Die zentrale Bereitstellung prozessrelevanter Daten ist ein erster Schritt in Richtung Prozessunterstützung. Notwendig ist allerdings ein Reportinginstrument, das in der Lage ist, Daten in strukturierter Art und Weise auszuwerten. Eine weitergehende Unterstützung von Personalprozessen kann mit dem Aufbau von (auf der Datenbank basierenden) Intranet-Applikationen erreicht werden.

2.1 Reporting

Als flexibles Reportingtool im globalen SAP System wird der sogenannte Manager's Desktop genutzt (vgl. Abbildung 5). Zentrales Element ist dabei die Organisationsstruktur der Henkel-Gruppe. Diese ist abgebildet aus unterschiedlichen Blickrichtungen, welche jeweils bis auf die Ebene ‚Mitarbeiter' heruntergebrochen werden kann:

- Regional View,
- Business View und
- Manager Structure.

Der *Regional View* bildet die regionale Zuordnung der organisatorischen Einheiten zu Ländern, Firmen etc. ab. Der *Business View* ordnet die organisatorischen Einheiten den Unternehmensbereichen wie Waschmittel, Kosmetik, Klebstoffe und Technologien länderübergreifend zu. Die *Manager Structure* dagegen bildet Vorgesetztenverhältnisse ab.

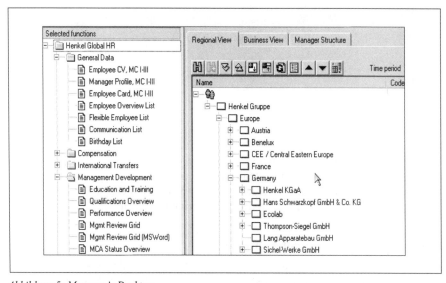

Abbildung 5: Manager's Desktop

Auswertungen, die auf der Basis des Manager's Desktop aufgerufen werden, stützen sich in der Regel auf die genannten Ansichten Regional und Business View. Die Manager Struktur wird im Gegensatz dazu vornehmlich zur Unterstützung von im Intranet abgebildeten Personalprozessen wie z.B. der Personalbeurteilung genutzt.

Während im Manager's Desktop auf der rechten Seite die Organisationsstruktur der Henkel-Gruppe abgebildet ist, werden auf der linken Seite alle zu nutzenden Standardreports aufgelistet. Es bestehen folgende größeren Themengebiete:

- General data (Überblick über allgemeine unkritische Daten),
- Compensation data,

- International transfers,
- Organizational structure reports,
- Management development data,
- Hay evaluation sowie
- Statistics.

Die Standardreports bilden in der Regel eine Vielzahl von Grundinformationen zur Person und zur organisatorischen Einbindung des Mitarbeiters in die Henkel-Gruppe, ergänzt durch Detailinformationen zu bestimmten Themengebieten wie Personalbeurteilungen, Gehältern etc. Auf diese Weise soll die Notwendigkeit von zusätzlichen, individuell erstellten Auswertungen auf einem möglichst geringen Niveau gehalten werden. Die Systemnutzer sind dazu angehalten, die benötigten Daten aus den vorhandenen Standardauswertungen herauszufiltern.

2.2 Intranet-Applikationen

Mit dem Aufbau von Intranet-Applikationen soll eine über das Reporting hinausgehende Unterstützung der Personalprozesse erreicht werden. Es werden damit insbesondere folgende Ziele verfolgt:

- Systematische Abbildung aller notwendigen Prozessschritte,
- Benutzerfreundlichkeit (insbesondere einfaches, auf die wesentlichen Inhalte beschränktes Layout),
- Flexible Berechtigungssteuerung und Ermöglichung des präzise gesteuerten Systemzugriffs durch Personal-, langfristig auch durch Linienverantwortliche,
- Gezielte Darstellung von und einfacher Zugriff auf Basisinformationen zur Prozessunterstützung (z.B. Vergangenheitsinformationen),
- Direkter Datentransfer zu SAP und damit Vermeidung von Redundanzen und zeitlichen Verzögerungen,
- Vereinfachtes Monitoring von Prozessen sowie
- Aufbau eines Templates für die Abbildung weiterer Personalprozesse mit Hilfe von Intranet-Applikationen.

Zwei Intranet-Pilotprojekte, die in den Jahren 2001/2002 durchgeführt worden sind, sollen hier näher betrachtet werden: Intranet-Unterstützung des Performance Management und des Compensation Management.

1) Performance Management: Die Personalbeurteilung „Management Competencies Assessment" wird alle 2 Jahre durchgeführt und beinhaltet einen Dialog zwischen Mitarbeiter und Vorgesetztem, in dem zwölf Management-Kompetenzen des Mitarbeiters beurteilt werden. Dieser Dialog soll durch die Intranet-Applikation nicht ersetzt, sondern ergänzt werden. Mit ihrem Einsatz werden insbesondere folgende Ziele verfolgt: Sie soll dem Vorgesetzten zusätzliche Informationen in die Hand geben, den Prozess der Dateneingabe in Systeme zeitnah gestalten und dabei Redundanzen vermeiden sowie ein kontinuierliches Monitoring gewährleisten.

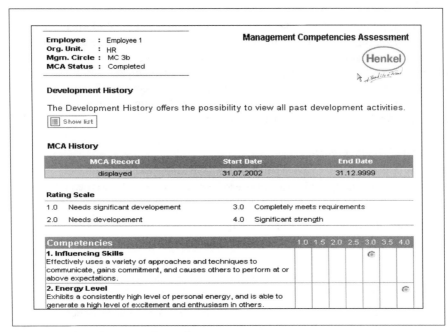

Abbildung 6: Formular Personalbeurteilung

Die grundsätzlichen Prozess-Schritte sind:

a) Vorgesetzter erhält Zugriff auf Basisinformationen zum Prozess sowie auf die während des Prozesses zu nutzenden Formulare. Er bestätigt die ihm im System für den Beurteilungsprozess zugeordneten Mitarbeiter (Basis für die Zuordnungen ist die in SAP abgebildete Vorgesetztenstruktur).

b) Vorgesetzter erhält Übersicht im System über alle von ihm zu beurteilenden Mitarbeiter mit Zugriff auf Detailinformationen wie Informationen zu vorangegangenen Personalbeurteilungen (vgl. Abbildung 6).

c) Dialog zwischen Vorgesetztem und Mitarbeiter zur Beurteilung des Mitarbeiters.

d) Eingabe der Beurteilung in das System durch den Vorgesetzten; Mitarbeiter wird per eMail automatisch über Eingabe in Kenntnis gesetzt und zur Bestätigung/Ablehnung aufgefordert.

e) Bestätigung oder Ablehnung der Beurteilung im System durch den Mitarbeiter mit Möglichkeit zur Kommentierung; Vorgesetzter wird per eMail automatisch über die Bestätigung/Ablehnung informiert.

f) Bei Bestätigung: Ende des Prozesses.

g) bei Ablehnung: Wiederholen an Punkt d).

Während des Prozesses hat der Vorgesetzte sowie auch der Personalverantwortliche jederzeit die Möglichkeit, den Status des Prozesses zu beobachten (vgl. Abbildung 7) und kann somit gegebenenfalls steuernd eingreifen.

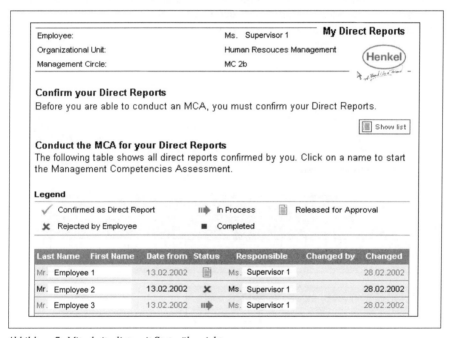

Abbildung 7: Mitarbeiterliste mit Statusübersicht

2) Compensation Management: Ein weiterer globaler Prozess, für den eine Intranet-Applikation entwickelt wurde, ist der jährliche Prozess der Gehaltsüberprüfung für die obersten Managementebenen. Hauptziele sind, durch Bereitstellung von Basisinformationen die Entscheidung über Gehälter zu vereinfachen, redundante Datenpflege zu vermeiden, jederzeit ein Datenmonitoring zu ermöglichen sowie das Controlling von Gehaltsbudgets zu vereinfachen. In einem ersten Schritt kommt die Applikation im Personalbereich zur Anwendung; langfristig sollen die Vorgesetzten selbst direkten Zugriff erhalten. Die zwei Haupt-Prozess-Schritte sind:

a) *Budgetkalkulation:*
   Prüfung der Mitarbeiterzuordnungen zu Vorgesetzten (welche auf den in SAP abgebildeten Vorgesetztenstrukturen aufbauen); Bestätigung oder Ausschluss der Teilnahme von Mitarbeitern am Gehaltsprozess sowie Berechnung des Budgets pro Vorgesetztem;

b) *Budgetallokation* (vgl. Abbildung 8):
   Ausdruck der Mitarbeiterlisten (inkl. Basis- und Historiedaten zu den Mitarbeitern) zur Weitergabe an die Vorgesetzten, Eingabe der Gehaltserhöhungen (alternativ in % oder in Euro) oder der neuen Gehälter (alternativ in lokaler Währung oder in Euro) ins Intranet mit gleichzeitiger Kontrolle des Budgets (Über- /Unterschreitung).

Compensation Management: Budget Allocation   (Henkel)

Supervisor:	**Supervisor 1**	Period:	**2002**
Org. Unit:	**HW**		
Budget Type:	**MC IIa Europe**	Percentage:	**3.00%**
Process:	**Salary Review Procedure**		

First Name, Name Country Age	Org. Unit Position	Salary 1999 2000 Current	Status	Reason	Compa Ratio	increase in %	increase in Euro	New salary in Euro	New salary in country curr.	Local curr.
Employee 1 BE 52	MC IIa	0,00 0,00 113.000,00	✓		166,77	5,00	5.650,00	118.650,00	118.650,00	EUR

Supervisor 1		
Budget for salary increase (Euro)	Allocated Budget (Euro)	Remaining Budget (Euro)
3.390,00	5.650,00	2.260,00-

Abbildung 8: Budgetallokation

3 Fazit

Der Aufbau globaler Systeme ist unabdingbar, um den Anforderungen von zentral gesteuerten Personalprozessen gerecht zu werden.

Kritische Erfolgsfaktoren beim Aufbau einer globalen Datenbank sind dabei insbesondere international harmonisierte Definitionen von Dateninhalten, Klärung von Verantwortlichkeiten bei der Datenpflege sowie eine gute Koordination internationaler Prozesse inkl. zeitlicher Vorgaben.

Eine wesentliche Rolle für die Nutzung des globalen Personalinformationssystems spielt außerdem die Datenqualität. Deutlich wird dies u.a. an der Bedeutung aktueller Organisationsstrukturen, die als Basis für das Reporting im Manager's Desktop als auch für bestehende Intranet-Applikationen dienen. Die Datenqualität ist in Abhängigkeit der bereits oben genannten kritischen Aspekte zu sehen sowie ebenfalls eng verbunden mit der grundsätzlichen Motivation der Verantwortlichen zur Pflege und Nutzung des Systems. Eine Möglichkeit, die geprüft werden sollte, ist die Einflussnahme auf die Motivation mit Hilfe von Direktschulungen im Vergleich zu Online-Schulungen. Generell spielt bei der Einführung des neuen Tools die Kommunikation eine herausragende Rolle.

Der Aufbau von Intranet-Applikationen sollte kritisch in Abhängigkeit gegebener Grundvoraussetzungen geprüft werden. Diese sind insbesondere:

- Besitzt das Basissystem der Intranet-Applikation eine ausreichende Datenqualität und -aktualität (insbesondere bzgl. der Organisationsstrukturen, auf der das Intranettool basiert)?
- Wie hoch muss die (zeitliche und inhaltliche) Flexibilität während des Prozesses sein, d.h. welche Standardisierung durch eine Intranet-Applikation ist tragbar?
- Sind die technischen Voraussetzungen gegeben (z.B. Nutzung eines Standard-Explorers durch die Nutzer weltweit oder Anpassung des Tools auf verschiedene Explorer)?

Essenziell ist, dass bei der Entscheidung für den Aufbau oben genannter Systeme deutlich, dass ihre Nutzung eine Standardisierung mit sich bringt, die der Realität nicht immer entspricht, da sie keine Ausnahmesituationen abbildet bzw. nur mit extrem hohem Aufwand. Nichtsdestotrotz bringt die Standardisierung – und dies ist eines der Hauptziele beim Einsatz eines EDV-Systems – eine Reduktion der Komplexität und damit eine Beschleunigung beim Ablauf internationaler Prozesse mit sich. Eine Erhöhung der Flexibilität im System sollte daher immer im Zusammenhang mit der damit verbundenen Erhöhung der Komplexität (und gegebenenfalls der Fehleranfälligkeit) geprüft werden.

Insgesamt sollte beim Aufbau der Systeme (Datenbank und Intranet-Applikation) immer der Nutzen (in Abwägung mit den Kosten) im Fokus stehen. Die Kommunikation des Nutzens sowie die damit verbundene Bereitschaft zur Pflege und Nutzung des Systems spielen in einer ersten Phase, in der sich der Nutzer an das neue System gewöhnt und mit ihm umzugehen lernt, eine wesentliche Rolle. Ebenfalls muss in der Startphase eine optimale technische Unterstützung gewährleistet sein, die gegebenenfalls auftretende Probleme schnell löst. Eine Unternehmenskultur, die den Umgang mit neuen Systemen unterstützt, kann hier einen wesentlichen Beitrag leisten.

Einführung eines internen Kontrollsystems in der Personalabrechnung

Oliver Berchtold/Sandra Belser

1 Einführung

Die Entwicklungen in der Weltwirtschaft an spektakulären Unternehmensschieflagen und -zusammenbrüchen sowie an steigenden Unternehmensrisiken machen die Forderung nach geeigneten Risikomanagement- und Kontrollsystemen in Unternehmen deutlich.

Auch der Gesetzgeber hat hierauf reagiert und fordert die Verbesserung der internen und externen Unternehmensüberwachung (Kontrolle) und die Erhöhung der Unternehmenspublizität (Transparenz). So sind beispielsweise die Vorstände einer Unternehmung aufgrund des KonTraG (Gesetz zur Kontrolle und Transparenz) zur Einführung von Kontrollmaßnahmen verpflichtet, die den Fortbestand der Gesellschaft gefährdende Entwicklungen erkennen lassen. Gemeint ist hiermit die Einführung eines Risikomanagementsystems.

Diese Zielsetzung gilt nicht nur für Unternehmen, die den gesetzlichen Anforderungen des KonTraG unterliegen, sondern für alle Unternehmen, die aufgrund einer risikobewussten Unternehmensführung eine erfolgreiche Weiterentwicklung des Unternehmens sichern wollen.

Vor dem Hintergrund der Vermögens- und Liquiditätsrelevanz der Personalabrechnungsprozesse geht der vorliegende Artikel genauer auf die Einführung von Überwachungssystemen in diesem Unternehmensbereich ein. Es wird ein Einblick gegeben in die praktische Einführung von Maßnahmen zur Erhöhung der Kontrolle und Transparenz (Internes Kontrollsystem, IKS) im Bereich der Personalabrechnung.

2 Risiko-Management und Internes Kontrollsystem

Zum Risikomanagement und somit zu einer risikobewussten Unternehmensführung zählen im Wesentlichen die erfolgreiche Nutzung und Ausführung von (Risiko-) Controlling, Frühwarnsystem und Internes Kontrollsystem. In einem integrierten Risikomanagement sind die Beziehungen zwischen den drei Bereichen fließend.

Das (Risiko-) Controlling beinhaltet alle Planungs-, Steuerungs- und Kontrollinstrumente. Im Rahmen der Planung werden bestandsgefährdende Risiken aufdeckt und quantifiziert. Darauf aufbauend können entsprechende Gegenmaßnahmen ergriffen und im laufenden Geschäftsprozess begleitet werden. Darüber hinaus erfolgt hier auch die Informationsversorgung der Entscheidungsträger über das Risiko.

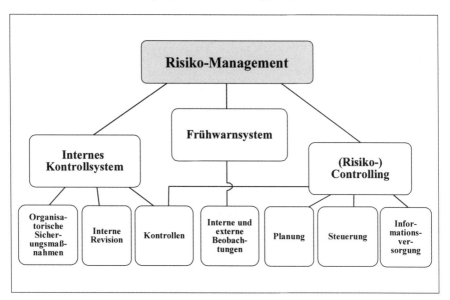

Abbildung 1: Risikomanagement

Das (Risiko-) Controlling beinhaltet alle Planungs-, Steuerungs- und Kontrollinstrumente. Im Rahmen der Planung werden bestandsgefährdende Risiken aufdeckt und quantifiziert. Darauf aufbauend können entsprechende Gegenmaßnahmen ergriffen und im laufenden Geschäftsprozess begleitet werden. Darüber hinaus erfolgt hier auch die Informationsversorgung der Entscheidungsträger über das Risiko.

Während im Controlling vor allem quantitative Größen wie Kosten, Erlöse oder Deckungsbeiträge im Fokus stehen, berücksichtigt ein Frühwarnsystem wesentlich stärker auch die weichen, quantitativ nicht eindeutig bestimmbaren Faktoren. Diese Informationen werden in der Regel durch Beobachtung interner und externer Sachverhalte erhoben und aus Risikosicht bewertet.

Das Interne Kontrollsystem (IKS) umfasst alle Formen von Überwachungsmaßnahmen, die unmittelbar oder mittelbar in die zu überwachenden Geschäftsvorfälle integriert sind. Dies hat den Zweck, das eigentliche Ziel der Sicherung und des Schutzes des vorhandenen Vermögens (inklusive der vorhandenen Informationen) vor Verlusten zu sichern. Daneben sollen mit einem IKS zum einen die Genauigkeit und

Zuverlässigkeit der Rechenwerke gewährleistet und zum anderen die Einhaltung der vorgeschriebenen Geschäftspolitik unterstützt werden.

Grundsätzlich kann bei den Überwachungsmaßnahmen des IKS zwischen organisatorischen Sicherungsmaßnahmen und Kontrollen unterschieden werden.

Organisatorische Sicherungsmaßnahmen sind vor allem die Funktionstrennung und weitere prozessimmanente, organisatorische Regelungen. In der Funktionstrennung kommt der Grundsatz der Unterteilung eines Geschäftsvorfalles bzw. Prozesses in Arbeitsgänge zum Ausdruck, da ein und dieselbe Person bzw. Einheit grundsätzlich nicht alle Phasen eines Geschäftsvorfalles alleine durchführen und kontrollieren können sollte, ohne dass eine andere Person oder Einheit in den Geschäftsprozess eingreift. Dies erfordert eine klare und eindeutige Prozessdefinition und entsprechende organisatorische Regelungen (z.B. Arbeits- und Dienstanweisungen, Unterschriftenregelung, Belegwesen).

Kontrollen dienen zur Überprüfung der Richtigkeit und Vollständigkeit der in dem Geschäftsvorfall notwendigen Verarbeitung von Daten. Kontrollen können dem zu kontrollierenden Arbeitsgang vor-, gleich- oder nachgeschaltet sein. Kontrollen können manuell durch Personen oder durch das Personalinformationssystem durchgeführt werden. Um ein effizientes und wirtschaftliches IKS sicherzustellen, wird die Zielsetzung verfolgt, prozessimmanente und zwangsläufige Kontrollen einzuführen. Die Interne Revision hat in diesem Zusammenhang die Aufgabe, die Effizienz eines IKS in wiederkehrenden Prüfungen zu kontrollieren.

Das IKS findet grundsätzlich Anwendung innerhalb der vermögens- und zahlungsstromrelevanten Prozesse und Organisationen im Unternehmen. Daher stehen die Prozesse mit Auswirkung auf das Finanz- und Rechnungswesen im besonderen Fokus.

3 Einführung eines Internes Kontrollsystem in der Personalabrechnung

Der Personalbereich und im Speziellen die Personalabrechnung (Lohn- und Gehaltszahlungen, Zeiterfassung) ist aufgrund der Vermögens- und Zahlungsrelevanz der Prozesse ein zentraler Bereich für die Berücksichtigung eines IKS.

Über das IKS sollen die vermögens- und zahlungsrelevanten Prozesse abgesichert und deren ordnungsgemäße und wirtschaftliche Bearbeitung gewährleistet werden. Darüber hinaus stellt ein funktionierendes IKS auch einen Mitarbeiterschutz im Sinne der Sicherstellung der Arbeitsqualität und der Fehlervermeidung dar.

Die Einführung eines IKS in der Personalabrechnung stützt sich im Wesentlichen auf die Realisierung von folgenden Sicherungsmaßnahmen:

* Prozess- und organisationsimmanenten Kontrollmechanismen,
* System-/EDV-immanenten Kontrollmechanismen,
* Standardrichtlinien und -regelwerke und
* Überwachungsinstanz.

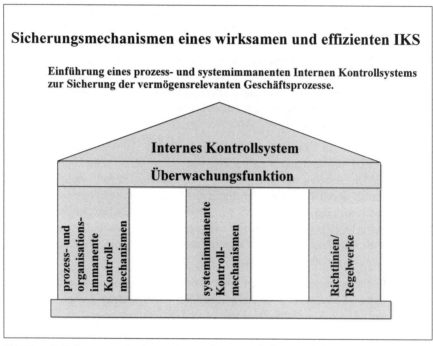

Abbildung 2: Sicherungsmechanismen eines wirksamen und effizienten IKS

3.1 Prozess- und organisationsimmanente Kontrollmechanismen

Ein effektives IKS erfordert die Einführung von prozess- und organisationsimmanenten Kontrollmechanismen. Dabei handelt es sich um Kontrollen und Sicherungsmaßnahmen, die automatisch in die Prozessabläufe und in die Organisation eingebaut sind und dadurch zu einer frühzeitigen und zwangsläufigen Überwachung im Zuge der Prozessbearbeitung führen.

3.1.1 Funktionstrennung

Die Funktionstrennung ist ein wesentlicher Bestandteil des IKS. Über diese Maßnahme wird sichergestellt, dass die Bearbeitung der Geschäftsvorfälle über mehrere Personen/Abteilungen verteilt ist und somit zwangsläufig eine gegenseitige Kontrolle stattfindet.

Grundsätzlich sollten in den Prozessen mit Auswirkung auf die Personalabrechnung die Funktionen Genehmigung, Durchführung, Verbuchung und Kontrolle getrennt werden. Sollte eine durchgehende Funktionstrennung nicht möglich sein, so sollte z.B. über rollierende Arbeitsverfahren eine Überwachung installiert werden.

3.1.2 Einführung und Regelung von Standardprozessen

Für alle vermögens- und zahlungsrelevanten Prozesse mit Auswirkung auf die Lohn- und Gehaltsabrechnung sind standardisierte Vorgehen festzulegen und deren Einhaltung zu überwachen. Hierbei sind insbesondere folgende Aspekte zu regeln:

* Prozessschritte,

* Arbeitsrhythmen,

* Verantwortungen und

* Kompetenzen.

Die Standard-Prozesse sind schriftlich zu dokumentieren (z.B. in Form von Prozessdiagrammen) und als Arbeitsanweisung gegenüber den Mitarbeitern zu kommunizieren.

Im Bereich der Prozesse mit Auswirkung auf die Lohn- und Gehaltsabrechnung sind beispielsweise folgende Prozesse zu regeln und zu standardisieren:

* Personaleintritt (z.B. Regelung der Festlegung fixer und variabler Gehaltsbestandteile),

* Veränderungsprozesse (z.B. Regelung von Gehaltsanpassungen, Darlehen, Direktlebensversicherung, Vorschüssen, Pensionen, Prämien, Zeitwirtschaft mit Urlaub und Überstunden) sowie

* Personalaustritt (z.B. Festlegung Abfindungen, Restauszahlung Urlaub und Überstunden).

3.1.3 Kontrolllisten

Insbesondere bei EDV-gestützten Prozessen können Kontrolllisten als Sicherungsmechanismus eingesetzt werden. Zielsetzung ist dabei, frühzeitig auf mögliche Fehlhandlungen und Unregelmäßigkeiten aufmerksam zu werden.

Innerhalb der Personalabrechnung kann somit beispielweise jeweils vor Ausführung des tatsächlichen Gehaltslaufes eine Kontrolle über sogenannte „EDV-Änderungsprotokolle" stattfinden. Diese Änderungsprotokolle werden aus dem Abrechnungssystem generiert und dokumentieren sämtliche Erfassungen (Neuanlage, Änderung, Sperrung etc.), die seit dem letzten Gehaltslauf stattgefunden haben.

Dieses Kontrollmedium stellt neben der Kontrolle der zahlungsrelevanten Daten vor deren Ausführung auch einen Mitarbeiterschutz vor Bearbeitungsfehlern dar. Bearbeitungsfehler sind im Besonderen in der Personalabrechnung von hoher Bedeutung.

Bei der Definition solcher Änderungsprotokolle in der Personalabrechnung sind folgende Aspekte zu definieren:

- Aufbau und Inhalt der Änderungsprotokolle (Festlegung der relevanten Daten aus dem Abrechnungssystem).

- Zeitpunkt der Erstellung der Änderungsprotokolle. Hier ist zu beachten, dass nach Erstellung der Protokolle keine Änderungen/Erfassungen im System mehr möglich sein dürfen.

- Festlegung der Kontrollverantwortlichen und ihrer Kontrollverantwortung: Als Kontrollverantwortliche sollten interne oder externe Mitarbeiter ausgewählt werden, welche die Abrechnung und Datenpflege selbst nicht durchführen. Sie müssen aber für die Daten sensibilisiert werden, datenschutzrechtlich unterrichtet sein und über den Inhalt der Kontrolllisten geschult werden.

- Weiterhin ist der Prüfungsumfang zu definieren; wird eine Vollkontrolle oder Teil-/Stichprobenkontrolle durchgeführt. Gegen eine Vollkontrolle spricht vor allem der hohe Zeitaufwand, wenn man z.B. berücksichtigt, dass eine Belegprüfung (keine Buchung ohne Beleg) und somit der Prozess der Kontrolle sehr aufwendig sein kann.

3.2 System-/EDV-immanente Kontrollmechanismen

3.2.1 Systemschnittstellen

Die Systemlandschaft im Personalbereich hat einen wesentlichen Einfluss auf die praktische Umsetzung eines Internen Kontrollsystems. Unter der Annahme, dass ein computergestütztes Personalabrechnungssystem vorliegt, ergeben sich bei folgenden Fällen unterschiedliche Ansatzpunkte für ein IKS:

- es existiert ein nicht integriertes, isoliertes Abrechnungssystem,

- es existiert ein teilintegriertes Abrechnungssystem, das Daten aus Vorsystemen über technische Schnittstellen verarbeitet bzw. an nachgelagerte Systeme zur Verfügung stellt und

- es existiert ein vollintegriertes Personalinformationssystem (integrierte Module zur Personalbeschaffung, -entwicklung, -abrechnung etc.).

Existiert ein von anderen Systemen isoliertes Abrechnungssystem, so laufen die vorgelagerten Prozesse, die der Informationsermittlung für die Abrechnungsdaten dienen, in der Regel in manueller Form ab (über Papierbelege, E-Mails). Fokus des IKS ist dabei die Überwachung der ordnungsgemäßen manuellen Verarbeitung der Informationen für die Personalabrechnung im Abrechnungssystem. Dies soll über die o.a. prozessimmanenten Kontrollmechanismen (z.b. monatliche Kontrolllisten) sichergestellt werden.

Liegt ein teilintegriertes System mit Systemschnittstellen zu vorgelagerten Systemen vor, so fokussiert sich das IKS auf die Sicherstellung und Überwachung der Vollständigkeit und Konsistenz der Datenübernahmen an den Systemschnittstellen, z.b. bei der Übernahme von Daten aus einem vorgelagerten Zeiterfassungssystem. Bei der Verwendung von Schnittstellendateien sind zusätzlich auch die Zugriffsmöglichkeiten auf die Schnittstellendaten und das damit verbundene Risiko der Veränderbarkeit der Daten zu beachten.

Die Sicherstellung der Datenvollständigkeit und -konsistenz wird über den Einsatz und Abgleich entsprechender Schnittstellensende- und -empfangsprotokolle erreicht (siehe schematische Darstellung unten). Liegt ein vollintegriertes Personalinformationssystem mit Abrechnungsmodul vor, so ergeben sich bei der Implementierung des IKS noch zusätzliche technische Fragestellungen zur Realisierung der organisatorischen Anforderungen.

Sämtliche Prozesse werden über das System maschinell abgebildet (Workflows), was Auswirkungen auf die Prozessdarstellung, den Genehmigungsprozess, das Benutzerkonzept und die Kontrollmechanismen haben kann. Beispielsweise ergeben sich andere Umsetzungsformen für die Einhaltung von definierten Unterschriftenregelungen mit entsprechenden Unterschriftenproben, da das manuelle Verfahren über Papierbelege durch entsprechende Definition von effizienteren Workflows mit Authentifizierungsmechanismen abgelöst werden kann.

Abbildung 3 stellt die IKS-Schnittstellenabwicklung bei teilintegrierten Systemen schematisch dar. Im Folgenden sollen die einzelnen Elemente der Schnittstelle erläutert werden.

- Datensender: Hierunter wird das System verstanden, welches die Daten zur Übergabe an das Abrechnungssystem bereitstellt.

- Datenempfänger: Hierunter wird das System verstanden, welches die Daten von Seiten der Schnittstelle importiert um diese nachfolgend weiter zu verarbeiten (Abrechnungssystem).

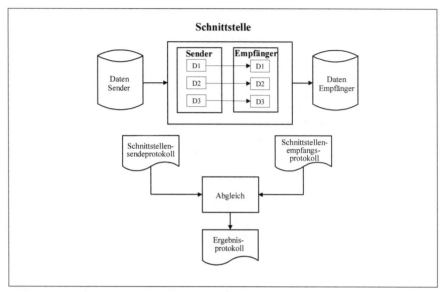

Abbildung 3: IKS-Schnittstellenabwicklung bei teilintegrierten Systemen

- Schnittstelle: Unter dem Begriff der Schnittstelle wird ein Algorithmus verstanden, der eine geordnete Datenübernahme in Form von Datenpaketen veranlasst. Dabei werden die Daten aus Tabellen des Datensenders in Datenpakete zerlegt und Positionen in Datenfeldern des Empfängers zugeordnet.

- Schnittstellensende- und Schnittstellenempfangsprotokoll: Die Datenübergabe an die Schnittstelle vom sendenden System sowie die Datenübernahme vom empfangenden System ist jeweils durch ein Protokoll zu belegen.

- Abgleich: Die beiden Protokolle gilt es auf inhaltliche Konsistenz und Vollständigkeit zu vergleichen. Da eine Schnittstelle keinerlei Rechenoperationen auf die übertragenen Daten anwendet, müssen beide Protokolle in jeder Position identisch sein. Es ist hier festzulegen, welche Art der Prüfung praktikabel ist (vollständige Prüfung, Stichproben, Prüfsummen etc.).

- Ergebnisprotokoll: Im Ergebnisprotokoll werden die Resultate des Abgleichs auf Vollständigkeit und Konsistenz festgehalten. Eventuelle Fehlermeldungen im Ergebnisprotokoll sind vom Verantwortlichen für die Anwendung der Schnittstelle zu bewerten und zu bearbeiten. Die Ergebnisprotokolle sind von ihm zu unterzeichnen und zu archivieren.

3.2.2 Benutzerberechtigungskonzept

Aus Sicht eines funktionierenden IKS sind bezüglich der Schreibrechte in den Personal-/Abrechnungssystemen Einschränkungen vorzunehmen, um die Zugriffs- und Veränderungsmöglichkeiten auf zahlungsrelevante und sensible Daten zu reduzieren.

Die Benutzerprofile mit Lese- und Schreibrechten leiten sich aus den operativen Aufgaben der Mitarbeiter und den daraus notwendigen Systemfunktionalitäten ab. Die definierten Benutzerprofile mit Schreibrechten sind einzelnen Mitarbeitern zuzuordnen. Besonderes Augenmerk bei der Erarbeitung des Benutzerberechtigungskonzepts liegt auf den Schreibrechten. Die Leserechte sind aus Sicht eines IKS unkritisch und können gemäß der operativen Notwendigkeit unter Berücksichtigung der Datenschutzanforderungen definiert und zu den Schreibrechten ergänzt werden.

Bei der Definition der Benutzerprofile ist von Bedeutung, dass eine eindeutige Identifikation des Benutzers bzgl. der Datenerzeugung, -veränderung, -löschung möglich ist. Dies gilt sowohl für die Mitarbeiter aus dem Bereich der Personalabrechnung als auch für Mitarbeiter anderer Abteilungen mit Verwendung des Personalsystems, z.B. Personalentwicklung, IT.

Die Benutzerberechtigungen bzw. Anmeldeberechtigungen sind mit einem zeitlichen Veränderungszwang im System zu installieren. Kritische Datenveränderungen (z.B. zahlungsrelevante Stammdaten, Zahlungsdateien usw.) sind zu protokollieren und organisatorisch (Vier-Augen-Prinzip) in klar definierten Rhythmen zu überwachen.

Ebenso ist für den Prozess der Neuanlage, Änderung und Löschung von Benutzerberechtigungen ein standardisiertes Verfahren einzuführen. Beispielsweise über ein standardisiertes Formblatt, welches gemäß der Unterschriftenregelung mit Unterschrift zu genehmigen (Vier-Augen-Prinzip) und entsprechend im System durch den Verantwortlichen unter der Sicherstellung der Funktionstrennung zu erfassen ist. Die Benutzerberechtigungen sind mindestens einmal jährlich auf sachliche Richtigkeit zu überprüfen. Die einzelnen Anwender sind in Kenntnis zu setzen, dass die Benutzerberechtigung und die Passwörter der Geheimhaltung unterliegen (Vermeidung von Missbrauch).

3.3 Richtlinien/Regelwerke

Durch die Schaffung von Standards und einheitlichen Regelwerken werden einheitliche Vorgehensweisen und Maßstäbe definiert, welche eine routinierte Bearbeitung der sensiblen Prozesse und Geschäftsvorfälle ermöglichen und maßgeblich zur Erhöhung von Transparenz beitragen.

Neben der bereits oben aufgeführten Regelung zur Sicherung einer standardisierten Prozessabwicklung sind entsprechende Maßnahmen zu implementieren.

3.3.1 Stellenbeschreibungen

Neben der Regelung von Standardprozessen sind auch die Organisationen und somit die einzelnen Stellen zu regeln. Dabei sind klare und eindeutige Regelungen für die Aufgabe, Verantwortung und Kompetenz pro Stelle zu finden.

3.3.2 Unterschriftenregelung

Wesentlicher IKS-Bestandteil ist ebenso die Fixierung von Entscheidungskompetenzen und damit verbundenen Unterschriftenvollmachten. Über entsprechende Eskalationsverfahren, z.b. anhand von Betragsgrenzen, werden für die einzelnen Entscheidungsstufen Verantwortungen definiert.

Bzgl. der Prozesse mit Auswirkung auf die Personalabrechnung ist beispielsweise die Kompetenz für die Freigabe von Gehaltsänderungen zu definieren. Hierbei ist nicht nur zu berücksichtigen, wer Änderungen im Rahmen der vorgegebenen Standardregelungen (z.b. Gehaltsbandbreiten) entscheiden darf, sondern insbesondere auch, wer entscheiden darf, dass von der Standardregelung abgewichen werden darf.

3.3.3 Dokumentationskonzept

Zur Vermeidung von „Kopfmonopolen" in der Organisation wie auch zur Schaffung von eindeutigen Arbeitsanweisungen und -vorgaben ist ein Dokumentationskonzept zu erstellen.

Folgende Dokumentationen sind aus Sicht eines IKS innerhalb der Personalabrechnung zwangsläufig notwendig:

- Prozessbeschreibungen für alle Prozesse mit Auswirkung auf die Personalabrechnung,
- Richtlinien und Unterschriftenregelung für alle Geschäftsvorfälle mit Auswirkung auf die Personalabrechnung,
- Lohnartenbeschreibung,
- Organigramm/Vertretungsregelung,
- anwenderorientierte Systemdokumentation sowie
- technische Schnittstellendokumentation.

Um einen hochwertigen und aktuellen Inhalt der Dokumentationen im Zusammenhang mit dem IKS sicherzustellen wie auch eine durchgängige Einheitlichkeit und nachhaltige Kontinuität zu erreichen, ist jeweils ein Verantwortlicher und ein Freigabeverantwortlicher für die Dokumentation zu benennen. Die Anregung auf inhaltliche Änderungen kann durch die Prozessbeteiligten (z.B. Lohn- und Gehaltsabrechner) initiiert werden, die mit dem Dokumentationsverantwortlichen abzusprechen sind. Vorgenommene Änderungen sind vor der Veröffentlichung durch den oben aufgeführten Genehmiger freizugeben.

3.4 Überwachungsinstanz

Neben den prozess- und systemimmanenten Kontrollmechanismen ist es erforderlich, eine Instanz zu definieren, welche die Einhaltung der Kontrollmechanismen überwacht und deren Weiterentwicklung steuert. Diese Verantwortung wird in der Regel einer übergreifenden Leitungsfunktion oder der internen Revision übertragen.

Dabei ist jedoch zu beachten, dass Kontrollen über eine Überwachungsinstanz, z.B. durch eine interne Revision, aufwendiger sind als die Einführung von organisationsimmanenten Kontrollmechanismen. Die Überwachungsinstanz sollte daher nicht permanent, sondern stichprobenweise eingesetzt werden. Das IKS sollte vielmehr hauptsächlich über die prozess- und systemimmanenten Mechanismen gelöst werden.

3.5 Erfolgsfaktoren bei der Einführung eines Internen Kontrollsystems in der Personalabrechnung

3.5.1 Projektvorgehensweise und -organisation

Die Definition und Einführung eines Internen Kontrollsystems in der Personalabrechnung sollte aufgrund der Komplexität des Themas über eine separate Projektorganisation erfolgen. Eine optimale Besetzung des Projektteams besteht aus sowohl internen Mitarbeitern mit dem entsprechenden unternehmensspezifischen Wissen und externen Mitarbeitern bzw. Beratern, die über das entsprechende Fach-Know-how verfügen. Die Vielzahl von Fragestellungen zeigt auf, dass neben Vertretern der Personalabrechnung auch Vertreter der weiteren betroffenen internen Abteilungen ins Projekt eingebunden werden müssen. Hierzu können neben den verschiedenen Personalbereichen die Finanzbuchhaltung, das Controlling, die interne Revision und die IT-Abteilung zählen. Weiterhin sind intern die Arbeitnehmervertretung und der Datenschutzbeauftragte zu involvieren.

In der Vorgehensweise lässt sich zwischen drei aufeinanderfolgenden Projektphasen unterscheiden:

Phase 1: Ist-Analyse:

- Erhebung und Beurteilung des Status-Quo zum IKS in den vermögensrelevanten Geschäftsprozessen (Standardisierung, prozessimmanente Kontrollmechanismen, Richtlinien/Regelungen/Eskalationsstufen, Dokumentationen, Transparenz, etc.).
- Erhebung und Beurteilung des Status-Quo zum IKS in den IT-Systemen (Benutzerberechtigungen, systemimmanente Kontrollmechanismen, Schnittstellenabwicklung, Systemprotokolle, etc.).

Phase 2: Soll-Konzeption:

• Konzeption der vermögensrelevanten Standard-Geschäftsprozesse unter Berücksichtigung von prozessimmanenten Kontrollmechanismen und von Regelwerken.

• Definition eines IKS-gerechten Benutzerberechtigungskonzeptes in den IT-Systemen.

• Definition der Anforderungen an die Systemprotokolle (Änderungsprotokolle, Schnittstellenprotokolle etc.).

• Definition der Anforderungen an die IKS-relevanten Dokumentationen und an die Dokumentationssystematik.

Phase 3: Umsetzung der IKS-Konzeption:

• Einführung der definierten IKS-Strukturen und

• „Abnahme" des IKS durch einen Dritten, wie z.B. durch einen Wirtschaftsprüfer.

3.5.2 Erfolgsfaktoren für die Einführung eines Internen Kontrollsystems

Die Einführung eines Internen Kontrollsystems in Unternehmen stößt häufig auf Unverständnis bei den Mitarbeitern, da es oft als auferlegte Kontrolle, Einschränkung der Befugnisse und auch als Vertrauensbruch verstanden wird. Daher ist es von besonderer Wichtigkeit, frühzeitig die Mitarbeiter über die Zielsetzung des IKS zu informieren und davon zu überzeugen, dass es sich vielmehr um eine unterstützende Maßnahme zur ordnungsgemäßen und sicheren Abwicklung der vermögens- und zahlungsrelevanten Prozesse handelt und im eigentlichen Kern dem Mitarbeiterschutz dient.

Das IKS muss als notwendige Maßnahme vor dem Hintergrund der erfolgreichen Unternehmensfortführung verstanden werden, welche aber sicher auch ein Umdenken in der Prozessbearbeitung erfordert.

Weiterhin ist die Unterstützung des Projektes durch die Unternehmensleitung von zentraler Bedeutung. Insbesondere bei der Einführung eines IKS im sensiblen Bereich der Gehaltsabrechnung wird ein starker Projektsponsor aus der obersten Managementebene benötigt. Die Einführung von Standardprozessen und -regelungen ist zwangsweise verbunden mit der Schaffung von mehr Transparenz und Einheitlichkeit und kann daher auf Kritik stoßen. Die Durch- und Umsetzung der Thematik muss daher von der Geschäftsleitung vorangetragen werden.

Zur Bestätigung und Sicherung der Projektergebnisse kann eine Abnahme des IKS durch den Wirtschaftsprüfer erfolgen. Dieser prüft die Funktionsfähigkeit und Wirksamkeit der eingeführten Überwachungsmechanismen und bestätigt die Projektergebnisse als neutrale Instanz.

Des Weiteren finden auch hier die generellen Erfolgskriterien für die Durchführung eines Projektes Anwendung; diese umfassen u.a. die Definition eines klaren Projektzieles, die Anwendung einer Projektplanung, die konsequente Durchführung eines Projektcontrollings und die Überwachung des Umsetzungsfortschrittes.

Literatur

DÖRNER, D./HORVATH, P./KAGERMANN, H.: Praxis des Risikomanagements, 1999.

HINTERHUBER, H.H./SAUERWEIN, E./FOHLER-NOREK, CHR.: Betriebliches Risikomanagement, Berlin 1998.

KRATZHELLER, J.B.: Risiko und Risk Management aus organisationswirtschaftlicher Perspektive.

DÖRNER, D./MENOLD, D./PFITZER, N.: Reform des Aktienrechts, der Rechnungslegung und Prüfung/KonTraG – KapAEG – EuroEG –Stück AG, Stuttgart 1999.

FRÖHLING, O.: KonTraG und Controlling, München 2000.

WOLFL, K./RUNZHEIMER, B.: Risikomanagement und KonTraG. Konzeption und Implementierung, Wiesbaden 2000.

Schriften zum Internationalen Management

herausgegeben von
Prof. Dr. Thomas R. Hummel, Fachhochschule Fulda

Wilhelm Schmeisser, Birgit Bischoff
Neustrukturierung der drei Säulen des Alterssicherungssystems in Deutschland – im Spiegel einer länderübergreifenden Betrachtung
Schriften zum Internationalen Management, hrsg. von Thomas R. Hummel, Band 1
ISBN 3-87988-757-8, Rainer Hampp Verlag, München und Mering 2003, 220 S., € 22.80

„Die Renten sind sicher."
Dies kann jedoch nur insoweit gelten, als dass den Anspruchsberechtigten sicher auch in Zukunft ein Alterseinkommen gezahlt wird; wie hoch dieses jedoch sein wird und welchen Lebensstandard die soziale Altersrente in der Zukunft erlauben wird, kann heute niemand mit Gewissheit vorhersagen. Experten befürchten, dass dieser dicht an der Armutsgrenze liegen wird.

Sicher dagegen ist, dass alle sozialen Sicherungssysteme in den kommenden Jahren einer ungeheuren Belastungsprobe unterworfen sein werden, der es gilt, mit entsprechenden Maßnahmen entgegenzutreten. Eine Gesellschaft, deren Altersstruktur sich immer schneller in Richtung der älteren Generation entwickelt, muss sich neu organisieren.

Ein erster entscheidender Schritt zur Umstrukturierung des Rentensystems erfolgte am 11. Mai 2001 mit Zustimmung von Bundesrat und Bundestag zum Gesetzesentwurf zur Reform der gesetzlichen Rentenversicherung und zur Förderung eines kapitalgedeckten Altersvorsorgevermögens (Altersvermögensgesetz *AVmG).* Der Gesetzgeber verfolgt mit dem hierdurch beschlossenen Übergang von einer rein beitragsfinanzierten zu einer zusätzlichen kapitalgedeckten Vorsorge das Ziel, die Rentenversicherung auch langfristig für die jüngere Generation bezahlbar zu halten und ihr im Alter einen angemessenen Lebensstandard zu sichern. Kernstück dieser Reform ist die Erkenntnis, dass jeder Anspruchsberechtigte seinen Lebensstandard nur noch mit einer zusätzlichen privaten oder betrieblichen Vorsorge aufrechterhalten kann. Und dies gilt nicht nur für Deutschland, sondern für fast alle Industrieländer.

Da aktuellen Umfragen zufolge gegenwärtig noch große Unsicherheit bezüglich der mit der Rentenreform 2001 verbundenen Änderungen vorherrscht, möchte das vorliegende Buch einen ersten Überblick über das komplexe neue Regelwerk ermöglichen.